당신의 미래는 밝다

당신의
미래는 밝다

세릴 웜슬리 지음, 이철 옮김

마이클과 티머시에게......

나는 일이 멋질 수 있다는 것을 알고 있다. 일을 통해 만나는 사람이 당신을 고무하거나 큰 회사를 소개해줄지도 모른다. 성취감은 크고, 깊은 만족을 줄 수 있다. 일은 당신이 전혀 상상하지 못했던 것들을 가르쳐줄 수 있으며, 경험을 줄 수도 있다. 일은 크나큰 기쁨이 될 수 있다.

또한 일은 두려움을 줄 수도 있다. 나쁜 경험으로 인해 냉소적이 되거나 특정 고용주에 대한 존경심을 잃게 되는 것은 어렵지 않다. 어떤 직장에서는 당신이 기여하고 있는지조차 믿기 어려우며, 참담한 상황에 이르는 데 특별히 재능이 필요하지도 않다.

물론 일은 크고 무서운 것 사이 어딘가에 있을 수도 있다. 일하는 날이 언제나 좋다거나 완전히 끔찍하다고 생각하는 사람은 극히 드물다. 일에 대한 우리의 감정은 많은 색깔을 띤다. 하지만 그것이 특히 어두운 회색빛일 때는 당신은 어떤 행동을 취하고 싶을지도 모른다.

당신은 이미 일을 하고 있거나, 아직 일을 시작하지 않았을 수도 있다. 당신은 일터 바깥에 서서 한 손에는 실업 수당을 쥐고 '이제 무엇을 하지?'라고 생각하는 자신을 발견할 것이다. 이런 극단적인 경우가 아닐지라도 경력의 위기는 언제든지 닥쳐올 수 있다. 머지않아 당신은 다음과 같은 질문을 던질 수도 있다. "이것이 전부인가? 이것이 내가 평생 진정으로 하고 싶었던 일인가? 누군가 나에게 먹고살기 위해 무엇을 하느냐고 물을 때 나는 스스로 자부심을 느끼는가? 나는 삶을 살아가고 있는가, 아니면 생존에 종속돼 있는가? 만일 연금의 전망이 좋지 않다면, 그리고 내가 70세까지 일하고자 한다면, 이것이 나 자신을 위한 일인가?

당신이 버스 정류장에 서 있거나 기차 문이 열리기를 기다리면서 주위 사람들의 얼굴을 둘러본다면, 당신은 "그래, 나는 행복하지 않아. 하지만 누가 행복하단 말인가?"라고 생각할지도 모르겠다.

그런 생각은 결코 당신에게 위안을 주지 않는다. 당신은 생각할 시간이나 어떤 충고가 필요할 수도 있을 것이다. 하지만 스스로 일하는 삶에 대해 그처럼 낮은 기대를 할 필요는 없다.

이 책은 직장에서의 동기유발이나 변화, 그리고 발전과 관련해 내가 하고 있는 일로부터 나왔다. 나는 일을 하면서 지나치거나, 혹은 너무 낮은 기대를 하는 등 비현실적인 생각으로 일을 시작했다가 환멸을 느끼는 수많은 사람들을 보아왔다. 더 나쁘게는 직장이 자신과 전혀 맞지 않아 잠재력을 계발하거나 재능을 발휘할 수 없다는 믿음으로 좌절하는 사람들이 너무 많다.

나는 자신의 일에서 즐거움을 찾는 일을 포기해버린 수많은 불행한 고용인들을 만났다. 그들은 일을 통한 만족이 극소수에게 해당되는 사치라고 믿을 것이다. 그들은 기회를 포착하거나 필요할 때 진정한 변화를 도모하는 방법을 모를 것이다. 그들은 본의 아니게 스스로 그러한 문제에 기여하고 있다거나, 혹은 스스로 불문의 '규칙들'을 이해하지 못하고 있다는 것을 모를 것이다.

당신이 통제할 수 없는 것들이 존재하지만, 그것들로 인해 당신 자신의 직업에 대해 완전히 무기력한 감정에 빠지지는 말라. 당신의 태도를 변화시킬 수 있는 결정을 하는 일이야말로 당신이 바로 지금 할 수 있는 것이다. 일을 위해 당신의 영혼을 팔 필요는 없다. 행복은 당신이 은퇴를 하거나 로또복권에 당첨되었을 때 추구될 수 있는 목표라는 그릇된 생각 때문에 당신을 희생시킬 필요는 없다. 미래는 이런 생각에서 벗어났을 때 준비될 수 있다. 미래는 다음의 짧은 시간들이다.

인생은 짧고, 일은 인생에서 대단히 많은 부분을 차지한다. 당신이 변화를 시도해 가능한 한 일하는 삶의 즐거움을 어떤 것도 막지 못하게 하라. 당신은 두 가지 선택지, 즉 삶을 살든지 혹은 생존에 종속되든지 사이에서 하나를 확고히 선택함으로써 언제든지 새롭게 시작할 수 있다.

당신이 전자를 추구한다면, 당신의 미래는 밝다. 바로 이것이 이 책을 쓴 목적이다.

Contents

1

틀에 박힌 일에서 어떻게 벗어날 것인가

"그래, 나는 일을 좋아하지 않아. 오히려 나는 게으름을 피웠고, 할 수 있는 한 가장 멋진 일을 생각했지. 나는 일을 좋아하지 않아―아무도 좋아하지 않지―하지만 나는 일 속에 들어 있는 것을, 즉 자신을 발견할 수 있는 기회를 좋아해. 다른 사람은 알 수 없는 당신 자신의 현실― 다른 사람이 아닌 당신 자신을 위해―그들은 단지 겉모습만을 볼 수 있을 뿐, 그것이 진정으로 의미하는 바를 결코 알 수 없지."

_조지프 콘래드(『어둠의 마음』)

당신이 세상의 변화를 도모하지는 못할 것이다. 하지만 자신의 직장 생활은 변화시킬 수 있다. 당신은 일을 사랑하기 위해서 끊임없는 흥분 상태에 있거나 시선을 모으기 위해 얼간이처럼 웃을 필요가 없다. 당신은 소중한 직원이 되기 위해 매일 아침 회사 찬가를 부르거나 관리팀에게 경례를 한다든지, 혹은 간부들의 지시를 받으면서 기도할 필요는 없다.

한 해를 시작하고 마무리 지으면서 아무런 만족이나 사랑을 느끼지 못하는 일을 한다는 것은 당신 인생을 보잘것없게 낭비하는 것이다.

당신의 직업이 당신 자신은 아니다. 당신은 그 이상이다. 일은 당신의 여러 삶 가운데 한 측면일 뿐이다. 하지만 여기에 소름끼치는 생각이 있다. 즉 168시간으로 이루어진 한 주에, 대략 112시간은 깨어 있을 것이다. 깨어 있는 시간의 50퍼센트 정도를 일을 시작하고 마무리 짓거나 일에 대해 생각하면서 보낼 것이다.

다시 이야기하지만, 당신의 직업이 당신 자신은 아니다. 하지만 일로 채워진 삶은 직업이 곧 당신 자신인 양 느낄 수 있다. 한 해를 시작하고 마무리 지으면서 아무런 만족이나 사랑을 느끼지 못하는 일을 한다는 것은 당신의 인생을 보잘것없게 낭비하는 것이다.

당신은 일이 하고 싶을 것이다. 대부분의 사람들은 일을 하며 심지어 부유한 사람들도 대부분 이런저런 일을 하려고 한다. 오랫동안 완벽한 게으름을 피우며, 삶이 만족스럽고 행복하다고 생각하는 사람은 극히 적다.

> 직업이 없다는 것은 휴식이 아니다. 무위도식하는 정신은 고통스러운 정신이다.
> _ 카우퍼

현실적으로, 우리 모두는 일을 해야 한다. 하지만 당신이 그 일로 인해 비참하다는 느낌을 가질 이유는 없다. 일을 마지못해 하면서 그것을 단지 월급 받는 것으로 간주할 필요는 없다. 당신은 일에 목맬 필요는 없으며, 그것으로 고통받을 필요도 없다. 어떤 경우든, 고용으로 인해 옴짝달싹 못하고 지겨워하고 무시당한다고 느끼면서 시간을 허비하기에 인생은 너무 짧다. 이상적으로 볼 때, 당신이 선택한 일은 당신의 인생에 보탬이 된다. 당신이 누군가에게 일은 생활을 위한 것이라고 말한다면, 적어도 그것을 생활처럼 느껴야 한다.

일과 그 일이 가져다주는 개인적인 보상에 대해 낙관적일 이유는 충분하다. 나는 그것이 때로는 어려울 수 있다는 사실을 안다. 당신은 혼란에 빠지거나 좌절할지도 모른다. 누군가는 실패의 경험이나 잘못된 선택으로 주눅들 수도 있다. "일이란 고통과 착취의 끊임없는 순환이다"라는 생각에 빠질 수도 있다. "내가 일하는 행복한 삶을 기대한다고 누가 생각하는가?"라는 물음이 당신 머릿속에 떠오를 수도 있다. 당신 스스로 다른 사람들로 하여금 당신의 삶이 특별하지도 않으며, 당신의 시간은 소중하지도 않다고 '확신' 하게 만들지도 모른다. 다른 사람들의 끔찍할 정도의 힘과 크고 거친 목소리 때문에 당신이 얼마나 강하고 능력이 있는지를 잊어버릴 수도 있다.

나는, 대부분 사람들은 그들이 선택하는 이상으로 자유로우며, 그들이 그 선택을 실현하는 이상으로 강하다고 믿는다. 단호히 말하건대, 생계를 위한 당신의 일에 대해 좋은 감정을 갖는다는 것은 절대적으로 가능하다. 당신이 그것이 그렇게 돼야 한다고 바란다면 당신은 도전할 수 있으며, 어떠한 선택을 하든 거기서 즐거움을 찾을 수 있다. 하지만 당신이 일을 사랑한다면 몇 가지 선택을 해야 한다.

변화를 도모하기 위해 허락을 기다리지 말라. 그것은 당신의 삶이고, 당신은 그것을 책임지고 있다.

인생은 짧다. 당신이 선택한 일을 사랑하라.

결정들을 하기 위한 결정을 하라

내가 열다섯 살에 수학여행에서 거대한 현대식 조각에 놀라 얼굴을 찡그렸던 일이 있다. 내 생각에 그 조각은 고리 모양과 내가 들어가길 꺼려했던 어떤 것 사이에 있는 십자형 기구를 닮았다. 같은 반 친구가 찡그러진 내 얼굴을 보더니 왜 그것을 좋아하지 않는지를 물었다. 나는 거부하는 태도로 "그래, 단지 그것을 보기만 해! 누구든지 그럴 수 있어. 설령 내가 그렇게 했을지라도 말이야!"라고 답했다. 친구는 그것을 잠시 보더니 말했다. "물론, 하지만 너는 그렇게 하지 않았어. 바로 그게 차이야."

나는 20년 동안 그 친구를 보지 못했다. 하지만 나는 그때의 충격을 지금까지 기억한다. "만일 당신이 나아갈 준비가 되어 있지 않다면, 입을 다물어라."

몇 년 전에 나는 '일의 사회심리학'이라는 강의를 들었다. 강사는 '통제의 장소'라 불리는 이론에 대해 설명했다. "사람들은 내적 혹은 외적 어느 한쪽을 띠는 경향이 있다." 사람들은 자신의 행동과 삶에서 일어난 일들 사이에 어떤 연관성을 보거나(내적인) 혹은 고리(외적인)를 보지 못한다.

외적인 사람들은 행운이나 운명, 별들이나 다른 사람의 행동, 바이오리듬 혹은 삶에 영향을 미치는 정부처럼 외부의 힘을 고수한다. 그러나 내적인 사람들은 어떤 일이 일어나려 할 경우, 그것을 기꺼이 반겨 그렇게 일어나기를 바란다. '통제의 내부적인 장소'는 "내가 운전석에 앉아 있다"고 말하는 내면의 목소리다. 내적인 사람들에게 성공과 행복은 귀신들에 의해 허용된 소망이라기보다는 지향해야 할 목표다.

내적인 사람들은 행복하지 않은 경우에도 상황과 관련해 무언가를 하는 습관을 가지고 있기 때문에 더욱 만족해하는 일꾼으로 나타난다. 또한 책임을 지는 습관이 있기 때문에 고용주가 선호하는 경향도 높다.

"흠", 내가 생각하기에 "그것은 흥미로워". 나는 열아홉 살이야. 그것은 행동으로 옮기는 사람들과 자리에 앉아 투덜거리는 사람들 간의 고리를 볼 수 있게끔 해준 내 동창생을 상기해준다.

또 다른 10년에서 15년이 빠르게 지나갔다. 조심스럽게 말하면, 나는 더 이상 이 이론을 재미있게 생각하지 않는다. '통제의 장소'로 알려진 정신적 분기점은 내가 더불어 일했고, 또 일상 속에서 관찰한 어떤 것이다. 양 극단(내적인 사람과 외적인 사람)은 지금의 나에게 대단히 현실적이다. 나는 매우 다른 두 종류의 렌즈를 통해 그들의 삶과 그들의 일하는 날들을 관찰한다.

내적인 사람들은 사태를 다음과 같이 말한다. "내가 생각하고 있는 것이 여기에 있다", "내가 무엇을 할 수 있는가?", "자, 함께 모여서 그것을 분류하자", "내가 어떻게 도울 수 있지?" 이는 내적인 사람들이 생각과 일을 모두 자기 마음대로 하고 싶어한다는 뜻은 아니다. 이는 단지 그들이 현실에 부딪혀서 행동하고 싶어한다는 것일 뿐이다. 대화는 더욱 적절하고 집중되는 경향이 있다. 내적인 사람들은 다른 사람이 자신을 통제하려 하거나, 무엇을 해야 할지를 말하려 한다는 생각이 들 경우 곧바로 보호받고 싶어한다. 또한 일을 즐기는 경향이 강하며, 계획이 어긋났을 때 기꺼이 되돌아볼 자세가 되어 있다. 더불어 사람들이 세계를 다르게 볼 수 있다는 사실을 믿지 못한다.

외적인 사람들은 자신의 직장 생활에 대해 불평할 때 좌절하는 어조로 어떤 것이 이루어지기를 바라는 경향이 있다. 때로는 승진하지 못한 사실에 대해 불평하고, 잘나가는 '행운아'들을 잘라버리거나 '직장'이 자신을 대우해주지 않았기 때문이라면서 투덜거린다.

좋은 곳에 살면서 흐름을 따라가는 데 만족하는 행복한 외적인 사람도 몇몇 있다. 또한 "내가 로또복권에 당첨되면"이라고 자주 말하는 불행한 외적인 사람들도 있다. 「될 대로 돼라(Que Sera, Sera)」는 그들이 즐겨 부르는 노래다. 외적인 사람들은 스스로 해야 한다고 당신이 넌지시 비추거나, 그들이 해야 할 일을 당신이 이야기해주지 않았을 때 모욕을 느낄 수 있다. 또한 사람들이 세계를 다르게 볼 수 있다는 사실을 믿지 못한다.

외적인 사람들은 "나에게 어떤 일이 일어나고 있지?", "지금 떠도는 풍문이 뭐야"라고 의아해하면서 심리적 압박을 받을 수도 있다. 내적인 사람들은 기술을 갈고닦고 노력을 하면서 기회를 찾거나 만들어내는 경향이 있다. 또한 스스로 경력을 관리하지 않을 경우, 아무도 대신해주지 않는다는 사실을 알고 있다.

일과 성공에 관한 충고는 빠른 해결책을 담을 필요가 있다. 그렇지 않을 경우 그것은 '도움 되지 않는' 얘기로 간주된다. 묘책을 원하는 사람에게는 현실적인 경력관리 기술이 비현실적인 말로 들릴 수도 있다.

전형적으로, 외적인 사람들은 "물론 당신 말이 옳아. 하지만 현실 세계에서는……" 따위로 반응한다. 하지만 우리 모두는 똑같이 '현실' 세계에 살아가고 있다.

내부적인 통제의 장소를 지닌 사람들은 삶을 진척시키느라 자신들의

'비밀'을 다른 사람과 나눌 시간이나 에너지와 인내심이 없을 수 있다. 이 말은 이기적으로 들릴 수 있다. 하지만 왜 다른 사람이 당신을 제쳐놓고 당신의 경력에 신경 써야 한단 말인가? 또한 당신이 신경 쓰는 것 같지 않은데, 왜 다른 사람이 당신의 경력에 신경 써야 한단 말인가?

당신의 경력은 대부분 당신의 영향력 안에 있다

물론, 우리의 영향력과 통제를 넘어선 것들이 존재한다. 기후나 자연 재앙, 몇몇 불행과 비극, 시장의 힘, 중역실의 결정과 로또복권의 결과 등은 우리가 준비할 수 있지만 완벽하게 통제할 수 없는 것들 사이에 있다.

하지만 경력은 대부분 당신의 영향력 안에 있다. 언제나 패배와 좌절이 있으며, 그것은 모두에게 일어난다. 내적인 사람들도 실패하고, 고통을 느끼며, 상실하고 상처받을 수 있다. 변함없는 사실은 그들이 다시금 일어설 것이라는 점이다. 그것은 행운이 따라서가 아니라 힘과 목적, 그리고 대책 없이 기다리는 것을 명백히 혐오함으로써 가능하다.

"중요한 사람은 비판자가 아니다. 강한 사람이 어떻게 넘어지는지를 지적하거나 실행자가 더 잘할 수 있었다고 지적하는 사람이 아니다. 신뢰는 실제로 경기장에 있는 사람에게 생긴다. 얼굴이 먼지와 땀과 피로 범벅인 채 영웅적으로 노력하는 사람, 실수와 결점이 없다면 노력도 없기 때문에 실수를 하고 모자란 사람에게 말이다. 실제로 행동하고자 노력하는 사람, 위대한 정열과 위대한 헌신을 아는 사람, 가치 있는 이유를 위해 스스로를 아끼지 않는 사람, 좋게는 마침내 성취의 승리감을 아는 사람, 나쁘다 해도 실패할 경우 분투하는 가운데 실패하는 사람, 그래서 그의 위치는 승리도 실패도 모르는 냉담하고 소심한 영혼들과는 결코 함께 하지 않을 것이다." _ 시어도어 루스벨트 당신이 일을 사랑하고자 한다면, 당신은 일하는 삶을 기꺼이 통제할 수 있어야 한다. 이는 자신의 행위와 인생이나 직장에서 일어나는 것 사이에 강한 연관이 있다는 사실을 이해하는 사람이 된다는 의미다. 당신은 경기장에 있어야 하고, '실행자' 즉 노력하고 추구하는 사람, 모험하는 사람이어야 한다. 심지어 당신 자신의 경력을 '노심초사하면서' 선택할지도 모른다. 다른 길은 판에 박힌 일에, 말하자면 큰 승리나 실패도 없고, 일을 사랑할 기회도 없는 곳에 파묻혀 살아가는 '냉담하고 소심한 영혼들' 사이에 있는 것이다. 당신이 진정으로 틀에 박힌 일에서 벗어나 일 자체를 사랑하고자 한다면 "왜 다른 사람들은 하지 않아", "왜 그들은 안 하지", "할 수 있을까", "해야 해", "해야 할까", "만약 뭐 하다면" 따위는 제쳐놓을 필요가 있다.

당신의 인생을 바꾸고 싶다면, 나는 당신에게 행운이 있기를 소망하지 않을 것이다. 나는 인생의 변화가 행운과 관련돼 있다고 믿지 않기 때문이다. 생계를 위해 당신이 하는 일을 사랑하는 것은 여러 가지 결정들을 결정하는 것에서부터 시작한다.

변화와 선택

당신이 일을 불행하다고 느낄지라도, 기적을 바라는 것은 바람직하지 않다. 누구든지 일을 할 때 좋지 않은 날들을 경험한다. 모든 직업이나 경력에는 낮은 평판이나 호소력이 없는 면들이 따라다닌다. 지속적으로 혹독한 자극과 학습을 제공하는 고용 환경은 있다 해도 극히 드물다.

하지만 좋은 날이 적고 머무를 이유를 찾기 힘들 때, 그 상황은 하나의 결정을 내려야 할 시간이다. 일주일에 한 번 정도 반복적으로 "내가 여기서 무엇을 하고 있지?"라고 묻게 된다면, 그때가 바로 그런 시간이다. 당신이 탈출구를 찾는 방편으로 복권에 당첨되는 꿈속에서 헤맨다면 그때가 바로 그런 시간이다. 당신이 순간의 휴식과 약간의 신선한 공기를 불어넣어 줄 수 있는 상황을 기대한다면 그때가 바로 그런 시간이다. 당신이 '나를 믿어'라고 거짓 요청을 하고 있다면, 그때야말로 참으로 변화를 도모할 시간이다.

변화란 우리가 두려워하거나 갈망할 수 있는, 저항하거나 추구할 수 있는 어떤 것이다. 우리는 때때로 변화를 쉽게 다룰 수도 있지만, 변화를 이야기하는 바로 그 순간에 박살이 날 수도 있다.

가장 어려운 일은 "나는 변화를 원해", "나는 변화가 필요해"라고 말하는 것이다. 이것이 시작이지만, 당신이 할 일이 있다는 자각이 존재한다. 다른 사람이 당신을 위해 당신을 변화시키려 할 것 같지는 않다. 어쨌든 당신은 변화를 원하는가? 당신이 불행하고 또 그것을 알고 있다면, 인생이 더 나아질 수 있고 미래가 좀 더 밝아질 수 있다고 느낀다면, 여기에 당신의 중요한 선택이 있다.

> 선택 1 : 당신은 기존의 상황을 변화시키기 위해 노력할 수 있다. 당신이 처해 있는 위치를 변화시켜라.
>
> 선택 2 : 당신은 다른 상황으로 옮겨갈 수 있다. 당신의 직장이나 일을 변화시켜라.
>
> 선택 3 : 당신은 어떤 일도 할 수 없다. (기꺼이 들어주는 사람에게 불평하는 일 외에는.)
>
> 선택 4 : 당신은 기존의 상황에서 자신의 태도와 기대, 행동을 변화시키려고 노력할 수 있다. 당신 자신을 변화시켜라.

다음의 글은 이 네 가지 선택을 다듬은 것이다. 당신이 자신에게 맞는 하나를 곧바로 인정한다면, 당신은 그러한 선택과 직접적으로 연결되는 곳으로 나아가고 싶어질 것이다. 여기에 신중을 기해야 한다. 즉, 우리 모두는 직장을 바꾸는 것(선택 2)이 이상적이지 않은 일에 대한 해답이라고 생각한다. 사실 그 말은 참일 수 있다. 하지만 직장을 바꾸더라도 직장 생활은 달라지지 않을 수 있다. 왜냐하면 직장은 문제의 일부분에 지나지 않기 때문이다.

위에 제시한 선택들은 반드시 '양자택일' 해야 하는 사항은 아니다. 즉, 여러 선택이 대답이 될 수 있다. 당신은 직장을 바꿀 필요가 있을지 모른다. 또한 자신을 조금이나마 변화시킬 필요가 있을지도 모른다. 먼저 자신이 처해 있는 위치를 바꿔야 할지도 모른다.

당신 자신의 행동이 문제 해결의 핵심 변수가 될지도 모른다는 것을 받아들이기는 어렵다. 하지만 정직하지 않다면 발전도 없다. 당신이 적어도 그러한 가능성을 받아들일 수 있다면, 그리고 솔직하게 그에 관해 생각해본다면, 당신의 일하는 미래는 반드시 밝아질 것이다.

선택 1_ 당신의 위치를 바꿔라

당신은 어떻게 직장을 변화시키겠는가? 얼마나 큰 변화가 요구되는가? 당신은 그 일을 할 수 있는 에너지와 결심이 있는가? 당신은 그 일을 할 만큼 충분히 집중하는가? 당신은 멋진 시간을 보낼 뿐 아니라 그것을 다시 설계할 준비가 되어 있는가?

사람들은 고집이나 설득, 집단 압력을 통해 직장을 변화시킨다. 이러한 변화들은 더 나은 공간을 위해 사무실을 재배치하거나 회사의 전략을 바꾸는 따위의 크고 작은 일들일 것이다. 변화는 당신이 하는 일에서 부족한 부분이 있는 경우, 그 일에 관대한 요소를 도입하고 만족을 더하는 것과 같다.

직장을 변화시키는 일은 다소 영웅적인 선택이다. 또한 어리석은 선택일지도 모른다. 소득이 클지도 모르지만, 열정적으로 추진하던 일이 아무런 변화를 가져오지 못할 경우 위험도 따른다.

혹은 당신은 당신만의 특별한 어려움을 경험할 수 있다. 또는 기대했던 시간 외 노동이 가능하지 않거나, 특별한 과제가 고통을 불러일으킬 수도 있다. 하나의 해결책으로, 당신의 관리자와 함께 그 문제를 충분히 이야기하라. 당신이 소중한 직원으로 간주돼 당신을 위한 변화가 이뤄진다면, 군이 당신이 변화를 시도할 필요는 없을 것이다.

관리자에게 단순히 문제를 가져가지는 말라. 관리자들은 충분히 많은 문제를 듣고 있다. 그들은 아이디어와 해결책을 지닌 사람에게 관심을 갖는다. 조용히 기다리면서 숙고를 거친 제안과 대안을 제시할 수 있도록 준비하라. 문제를 충분히 검토했으며, 사업상의 어려움을 이해하고 있다는 것을 보여줘라.

당신을 도와 변화를 도모할 수 있는 사람들에게 훌륭한 유모를 곁들여 존경하는 투로 이야기하라. 공격하고 폭발하거나, 의사 결정자의 어리석음과 타성이 비난받아야 한다고 암시하지 말라. 그들도 당신만큼이나 좌절하고 상황에 대해 자각하고 있을 수 있다.

문제를 혼자 처리할 수 있을 만큼 철저히 준비하라. 당신 등 뒤에서 성원하는 요란한 합창 소리는 당신이 관리자의 사무실 문을 두드리는 순간 사라진다. 진정한 동맹군은 현실 세계에서는 매우 드물며 의지하기도 어렵다. 저항도 하나의 현실이다. 물리학을 기억하는가? 모든 작용에는 동일한 크기의 반작용이 존재한다.

인간은 판에 박힌 일이 설령 작동되지 않는다 해도 바뀌는 데에 대해 꺼리는 경향이 있다. 습관은 편안하다. 나쁜 습관도 편안하다. 시작하기 전에 저항을 받아들여라. 그것은 약간의 좌절을 편하게 해줄 것이다.

> "개혁가는 낡은 질서 아래에서 영광을 누렸던 모든 이들을 적으로 만들며, 새로운 질서 아래에서 영광을 누릴 사람들에게서의 지지는 미온적으로 다가온다."
> _마키아벨리

당신이 일을 즐기면서도 몇 가지 문제에서 변화의 필요성을 느낀다면, 변화를 도모하라. 현실적으로 개선에 대한 희망이 존재한다는 것을 믿고, 당신은 움직이고 싶지 않다면—시도하라. 하지만 당신이 일을 사랑할 수 있다는 것과 당신이 진정으로 추구하고 있는 결과를 믿고 있다는 것을 분명히 하라.

행동할 자세가 되어 있는 사람이 없다면 발전도 없다.

선택 2_ 당신의 직업이나 일을 바꿔라

당신이 하는 일에 넌더리를 내면서도 의미 있는 변화를 도모하거나 사태를 개선하고 그것에 자신을 적응시킬 방법을 찾을 수 없다면, 자리를 옮기기 위해 할 수 있는 모든 일을 하라. 당신의 노력이 보상받지 못하거나, 성공하는 데 매우 현실적인 장벽이 존재한다고 믿을 충분한 이유가 있다면, 아마도 떠나는 것이 현명하다.

직장을 옮기거나 경력을 바꾸는 것이 나쁜 일은 아니다. 인생은 앞을 향해 가는 여행이다. 어떤 직업이나 경력도 책의 한 장, 혹은 무대의 한 장면으로 간주될 수 있다. 그것이 인생 자체는 아니다.

당신에게는 선택권이 있다. 당신은 똑같은 일자리지만 다른 고용주를 찾아볼 수 있다. 프리랜서나 계약직, 상담직과 같은 고용 형태도 있다. 소규모 사업을 할 수도 있다. 당신은 일자리를 분담하거나 한 단계 낮춰 시간제 일을 할 수 있으며, 자원봉사나 시간제 일을 여러 개 할 수도 있고 재택근무도 할 수 있다. 심지어 경력과 아무런 관련 없는 일을 할 수도 있다. 또한 경력을 완전히 바꿀 수 있으며, 얼마 동안 공부를 하며 보낼 수도 있다.

'휴지기'나 안식년처럼 보수를 떠나 생각할 시간을 가지는 것도 가능하다.

이 모든 선택은 약간의 사전 준비가 필요하지만, 결코 '그림의 떡' 이 아니다. 당신 주변을 둘러봐라. 당신은 삶 속에서 변화를 꾀했던 사람들을 이미 알고 있을 것이다. 그들에게 물어라.

당신은 몸담고 있는 곳을 떠나기에 앞서 다른 일자리를 구하고 싶을 것이다. 대부분의 관리자가 '경력자' 를 원하기 때문에 이러한 방식이 더 현명할 수 있다. 하지만 이 일이 현실적으로 어렵다면, 당신은 현재의 위치에서 움직이지 않을 수도 있다. 사람들은 그렇게 해서 살아남는다.

다리架橋를 없애지는 말라. 안녕을 외치면서 가운뎃손가락을 들어 보이고 싶을지라도, 그것이 현명한 행동은 아니다. 다른 사람을 노골적으로 비방하고 싶을지라도 당장 멈춰라. 품위 있게 떠나라. 형식적이건 비형식적이건 다시 취업을 하려면 신원조회 과정을 거쳐야 한다. 다른 사람의 화를 돋워 당신의 미래의 기회에 오점을 남길 필요는 없다. 사람들은 놀랄 만치 처음과 마지막 인상을 잘 기억한다.

당신에게 일자리를 떠나라는 충고는 배반의 냄새를 풍길 수 있다. 떠난다는 것은 포기나 상실의 느낌을 들게 할 수 있다. 심지어 당신은 "왜 내가 떠나야 할 사람이 돼야 하는가?"라는 생각에 분개할 수 있다. "만일 내가 떠난다면, 그들이 이기는 건데" 하면서.

나는 그런 반응을 이해하고 공감한다. 하지만 나 자신의 시간과 건강과 행복을 더욱 많이 존중하는 법을 배워야 한다. 당신은 열심히 노력했고, 발바닥에 땀이 나도록 일했을 것이다. 일을 하는 과정에서 도덕적이거나 기술적인 싸움이 있었다면, 당신이 옳을 수도 있을 것이다. 그러나 때때로 그러한 노력이 한 개인이 감당하기에는 너무 크고, 게다가 그만한 가치가 없는 일로 당신 자신을 해칠 수 있다.

떠나는 사람이 당신이라는 사실이 공정하지 않을 수도 있다. 하지만 인생이 늘 공정한 것은 아니다. 세상은 완벽하지 않다. 누구나 사람들과의 모든 관계에서 합리적이고 전문적으로 남고 싶어한다. 그렇다고 해서 당신이 몸담고 있는 모든 상황을 감수하라는 말은 아니다.

때때로 당신은 좋지 못한 일터나 문화에 몸담을 수 있다. 때때로 당신은 좋지 못한 직장이나 경력에 몸담을 수 있다. 하지만 그것이 당신이 나쁜 사람이거나 실패했다는 것을 의미하지는 않는다. 그 직장은 한때 당신에게 좋았을 수 있다. 하지만 지금 당신은 변했다. 당신은 무엇이 자신에게 어울리고 그렇지 못한지를 알고 있다. 그것은 하나의 학습 과정이며, 더할 나위없이 소중한 인생의 한 부분이다.

이직移職에 대한 당신의 감정을 고백하는 것이 좋다. 우리는 사람들에게 애착을 갖고 있으며, 성취와 경험을 함께 나눈 기억을 갖고 있다. 하지만 일이 더는 당신에게 맞지 않을 경우 과거가 당신을 붙잡게 해서는 안 된다.

사람들을 들어오지 못하게 하는 시스템은 있다. 하지만 나가지 못하게 하는 시스템은 없다! 당신이 사직하지 못하게 지붕 위에서 호시탐탐 노리는 저격병은 없다. 발로 뛰어다니면서 결정하라. 당신이 없어도 사무실은 잘 돌아갈 것이다. 일자리를 옮기는 것은 직장 생활에서 인정하는 부분이다.

계획은 출발점이 될 것이다. 종이 한 장을 들고서 직장을 바꾸는 계획을 세워라. 종이 위에 전화를 하거나 위치를 찾고, 사람과 이야기하는 등의 '해야 할 일'의 항목을 적어넣을 수 있다. 기적이 내일 다가올 것 같지는 않다. 하지만 당신이 행동하지 않는다면, 어떤 일이 일어나겠는가?

선택 3_ 아무것도 하지 않는 것

선택 3은 내가 수많은 사람들에게서 보는 것인데, 당신이 그중에 끼지 않기를 희망한다.

우리가 행동하는 데 실패할 이유는 수없이 많다. 어떤 것은 이해할 수 있지만 어떤 것은 그렇지 못한 경우도 있다. 나는 아무런 도움을 받을 수 없고, 그들의 상황이나 선택을 꿰뚫어볼 수 없기 때문에 변화를 꾀할 수 없다고 믿는 사람들에 대해 공감할 수 있다.

때때로 당신은 현재의 어려움에 일자리를 찾는 수고까지 더하는 상황에 힘들어할 수 있다. 나는 그것을 이해할 수 있다. 나도 면접 보는 일을 즐거워하지 않는다. 대부분의 면접은 사람의 신경을 갈가리 찢어놓는다. 우리 가운데 누구든지 일자리나 출퇴근길, 동료를 바꾸는 부담스러운 일에 진저리 칠 수 있다. 이때 도움을 청하는 것은 좋은 출발이다.

행동하기를 거부하거나 행동할 수 없다고 느끼는 것 역시 "나의 인생은 내 손안에 있지 않아"(외적인 사람들!)라는 내면의 믿음으로 자리 잡게 할 수 있다. 한발 더 나아가 "나의 문제에 대해 비난을 받아야 하는 것은 통제력이며, 그리하여 이 통제력이 문제 해결에 책임이 있다." 외적인 사람들에게는 다음과 같은 소식이 있다. 즉, 당신이 틀렸다. 당신의 일하는 삶은 당신 손안에 있다. 경력 선택은 분명 당신에게 달려 있다. 회사의 합병과 몰락, 방출과 양도, 규모 축소 혹은 근본적인 변화 앞에서 당신이 무기력해지는 동안 당신은 거기에 머무는 것을 선택하고 있다.

"그들은 나를 불필요한 존재로 만든다"

감원 계획이 착수되고 명퇴 신청이 진행 중일 때는 머무는 것이 현명하다. 하지만 그렇지 않은 경우, 당신이 불행할 때를 '기다리면서 지켜보는' 방식은 현명하지 않다. 당신이 다급해져서 일을 찾는 것은 어설픈 계획이다. 모색은 더욱 절망적이다. 왜냐하면 당신의 일은 사라졌고, 또한 유리한 위치에서 새로운 직장에 대해 협상하는 것이 아니기 때문이다. 당신은 지금 실직 상태이며, 당신의 미래 고용주는 그 사실을 알고 있다. 그러므로 "왜 이 사람이 나갔는가?"보다 "왜 이 사람은 변화를 모색하고 있는가?"라는 물음이 좋은 대안이다.

나는 잭이라는 동료와 일을 했는데, 그는 당시 감원 계획이 없었음에도 끊임없이 투덜거리면서 실업수당을 원했다. 만일 당신이 잭에게 "어떠세요?"라고 물었다면, 그는 "그들이 나를 해고해도 좋아요. 좀 서둘렀으면 좋겠어요"라고 대답했을 것이다.

나는 몇 년 전에 실제로 회사가 잭을 해고했다는 사실을 알았다. 회사는 그를 오랜 기간에 걸친 횡령과 편취를 이유로 해고했다. 잭은 자신의 불만을 자기 정당화한 도벽 습관으로 바꿔버렸다. 물론 그는 잡혔다. 그 일은 증오하는 직장에서 빈둥거리는 태도가 자신이나 고용주에게 좋지 않다는 내 신념을 강화해주었다. (태업이나 사기 행위는 변함없이 부메랑이 돼 자신을 해친다. 그들은 팀의 구성원들을 거의 돕지 못한다.) 잭에게는 그보다 큰 손해가 없다! 만일 그가 정직했다면, 지금쯤 짐작할 수 없을 만큼 큰 보상을 받았을 것이다.

"이 분야에서는 내 직장만한 곳이 없다"

나는 이 이야기를 겉으로는 출퇴근 거리나 급여, 동료를 바꾸지 않고서도 동일한 부류의 조직에서 동일한 일을 찾을 수 있다고 생각했던 불행한 집단으로부터 반복해서 들었다. 그 집단은 이러한 환상에서 더 나아가 신비로운 고용주가 나타나 자신들에게 구애할 것을 기대했다. 그들은 직장을 구하는 것과 관련해 어떤 노력도 하지 않았다.

"융자를 받았어"

대부분의 사람들은 대출을 받는다. 대출은 현실이며, 현실에서 재정이 고려되지 않을 수는 없다. 하지만 대출금 정리는 당신이 하는 선택 가운데 하나일 뿐이다. 대출금이 새로운 일을 구하는 데 장애물은 아니다. 사람들은 직장을 옮기며 별다른 일 없이 매일같이 재정 상태를 점검한다. 그것은 할 수 있는 일이다. 심지어 몇몇 대출은 월급의 가압류를 불러오기도 한다.

"이곳은 내가 살아가는 곳이야. 나는 여기서 가족을 얻었어"

가족 전체가 생활 터전을 옮기는 것이 불가능한 일은 아니다. 많은 사람들이 생존을 위해 그렇게 했으며, 성공하기도 한다. 몇 마일의 차이는 사소한 것이다. 어떤 사람들은 수천 마일을 움직이며 고립과 고초, 극단적인 문화적 변화에 맞닥뜨리기도 한다.

불행한 고용인들이, 가족을 자신이 머물 수밖에 없는 이유로 들먹일 때, 나는 가족들과 그 문제에 대해 진지하게 논의해보았는지 물어본다. 일상의 푸념은 진정한 대화가 아니다. 물론, 그것은 커다란 제안이며 주의와 계획을 필요로 한다. 하지만 그것은 할 만한 일이다. 장소를 옮겨 새롭게 시작하는 일은 당신에게 일어났던 최고의 사건으로 판명될 것이다.

"솜씨가 없어. 나는 현재의 시장에서 완벽할 수가 없어"

'솜씨가 없다'는 말은 이해되는 변명이라기보다 도전에 대한 문제다. 왜 배우지 않는가? 성인교육 프로그램은 매우 다양하게 개설돼 있으며,

또 이용을 바라고 있다. 당신의 현재 고용주는 최신 기술에 대한 당신의 욕망을 기꺼이 지원해주려고 할 것이다. (영리한 고용주들은 그것이 이익이라는 사실을 알고 있다!) 훈련에 대한 자문을 요청해라. 비용과 이용 가능성에 대해 조사해보라. 물론, 은행장은 직원의 도자기 학습 비용을 대주지 않을 수 있다. 하지만 많은 회사들은 비용과 책, 심지어 퇴직에 대한 연구까지 도움을 줄 것이다. 그것은 요청해볼 가치가 있다. 당신이 들을 수 있는 최악의 반응은 '아니요' 이다. 하지만 그것이 당신을 죽이지는 않는다. 청춘이 끝날 무렵까지 배웠던 지식이 당신의 직장 생활 내내 충분할 것 같지는 않다. 학습과 계발은 현재 진행형의 과제다.

"나이가 너무 많아", "아직 어려"

"나는 점점 나이를 먹어가면서 처지가 어려워지고 있어!" 당신이 나이를 먹어간다면, 당신은 지나가는 날을 붙잡고 직장 생활을 잘 이용해야 할 더욱 많은 이유가 있다. 물론, 나이 많은 고용인들에 대한 편견이 있을 수 있다. 그러므로 당신은 기술과 경험이 새로운 고용주에게 매력적으로 보이도록 해야 할 충분한 이유가 있다. 경험과 당신이 성취한 결과들을 과소평가하지 말라.

나는 사람들이 젊음과 나이 많음을 자신들의 경력을 관리하지 않기 위한 변명거리로 이용하는 것을 들었다. 나이는 하나의 사실일 뿐이다. 몇몇 사람들은 당신을 의심하기 위한 하나의 방편으로 나이를 이용할 수도 있다. 하지만 일반적으로 이러한 일은 당신 자신이 스스로를 확신하지 못하고 있을 때 일어난다. 당신의 직장 생활에서 그것이 당신 스스로에게 장애가 되지 않도록 하라. 나이에 관계없이 목표를 추구했던 사람들만을 생각하라.

젊다는 것에 대해서도 편견이 있을 수 있다. 당신이 상대적으로 젊다면, 배우려는 당신의 열정과 열망을 과소평가하지 말라.

시간을 내는 것이 도움이 안돼

나는 한때 불행한 직장 상황 때문에 힘들어한 적이 있었는데, 교도소 수감자가 벽에 금을 그어 날짜를 확인하는 것처럼 스스로 시간제한을 한 적이 있었다. 일을 감옥 생활처럼 느껴서는 결코 안 된다.

나는 곤경에 처한 고용인들의 매우 드문 예를 접한 적이 있다. 그 사람들은 일 때문에 불행하지는 않았다. 그들은 대처 방법을 알았으며, 하루하루를 즐겼다. 그들은 기대를 낮추거나 단순히 스스로 도전하는 방법을 깨닫고 기쁨을 누렸던 것이다. 만성적인 실업과 제한된 기회, 흔치 않은 개인적 실천이 그러한 상황을 만들었을지 모르겠다.

내가 직장을 옮김으로써 잃게 된 보너스처럼 현실적인 이득과 매우 밀접하다면, 단기적으로 볼 때 나는 움직이려 하지 않을 것을 알고 있다. 내가 얻을 수 있는 중요한 보상을 포기하고 싶지 않을 것이다. 그렇다 하더라도, 단기간이 몇 년으로 이어져서는 안 된다.

아무 일도 하지 않으려는 이유로 돌아가 보자. 공감하기 어려운 나쁜 습관은 매우 드물다. 다음의 옳지 못한 믿음들은 당신이 게으른 채로 살게 한다.—무관심, 불평하기, 수난.

무관심

일관성이 유지되고, 어떤 경우든 위험이 발생하지 않는 곳이 안전지대다. 하지만 이곳은 사람이 들끓는 지루한 공간이다. 당신은 자신에게 어떤 변화도 일어나지 않을 것이라는 믿음을 가지고 아무런 모험 없이 살아가고 싶은 유혹을 느낄 수 있다. 그러나 당신은 스스로를 기만하고 있다. 당신은 변화를 가둬둘 수 없다. 따라서 안전지대는 이른바 사각지대다. 마음은 직장을 떠났으면서도 그곳에 머물러 있다는 것은 고용의 '사각지대'에 있는 것이다. 제발 당신을 이런 식으로 방치하지 말라.

슬픈 것은 무관심이 태만과 안락으로부터 성장하는 잡초라는 사실이다. 나의 말을 무시한 채 으쓱하면서 "당신이 아는 악마가 당신이 모르는 악마보다 낫다"고 말하는 모든 불행한 고용인에 대해 나는 확신하고 있다. 그것은 그렇지 않다.

> "인생은 앞뒤를 가리지 않는 모험이거나, 아무것도 아니다. 자연에는 안전이 존재하지 않으며, 인간 모두가 그것을 경험하지 못한다. 위험을 회피하는 것은 장기적으로 볼 때 위험에 노출되는 것보다 결코 안전하지 못하다."   _헬렌 켈러

불평하기

넋두리하기, 보채기, 투덜거리기, 탄식하기, 푸념하기 따위는 일터에서 종종 "그것은 다시 안 돼", "지금 당신 뭐 하는 거야?", "에구머니, 제발 이것은 안 돼!"와 같은 말들로 접하게 된다.

사람들이 당신이 이야기할 때 슬금슬금 달아나려고 한다면, 그것은 계속 입만 나불거리는 불평분자 대열에 합류했기 때문이다. 이런 사람들은 자신들의 곤궁한 처지를 즐기면서 '불평하기'를 정상적인 대화 방법이라고 믿고 있는 것 같다. 이들은 기꺼이 불행한 무리에 속하는 것을 반기는 사람이다. 쓸모 있는 행동은 하지 않은 채 문제에 대해 끊임없이 흠만 잡는 태도도 하나의 생활방식이 될 수 있다.

당신이 문제 해결에 대한 실질적인 관심을 갖지 않고 늘 불평불만만

하는 사람이 된다면 앞날이 어찌 될지는 당신도 잘 알 것이다. 사람들이 무언가 도움 되는 말을 하려고 할 때 당신이 무시하고 냉소적인 태도를 취한다면, 당신이 어떤 생각이든지 "그래요, 하지만" 이라고 행동한다면 직장은 문제도 아닐 것이다. 진정으로 변화를 갈망하는 사람들은 전향적인 태도를 갖고 해결 방법에 대해 빠짐없이 이야기하려고 한다.

수난

당신이 "나는 이 회사에서 20년 동안이나 찬밥 신세였어", "나는 이 직장에서 지옥을 경험했어", "내가 여기서 겪은 수모에 대해 당신은 아무것도 몰라"와 같은 말을 사용하는 경향이 있다면 불행히도 당신은 어느 면에서 직장의 희생자가 된 것이다. 사람들이 당신에게 직장을 옮길 것을 제안하면서 "좋아, 우리 모두가 떠난다면 어떻게 될까?", "나는 회사에 책임이 있다고 느껴", "우리가 일을 즐긴다고 누가 말해?", 심지어 "충성하라고?"와 같은 말을 할 때 낯설게 느껴진다면, 당신은 일과 일에 대한 규칙에서 혼란해지고 나쁜 습관에 빠져들게 된다.

'일에서 고통을 겪는 것'이나 혐오하는 고용주에게 오래 봉사하는 것, 달가워하지 않는 일을 하는 것에 대한 황금 메달은 존재하지 않는다. 당신의 희생과 고통이 모든 사람에게 칭찬을 받고 그 자리를 지키는 데 중요하다는 믿음에서 머무르고 있다면, 제발 직장을 옮겨라. 동료들이 한때 희생자에게 말한 것처럼, "힘들면 벗어던져, 휴식이 필요해!"

현재 아무 일도 하지 않고 진실로 무언가를 할 때라고 느낀다면, 왜 진퇴양난에 빠졌는가에 대해 생각하는 시간을 가져라. 진실로 무엇이 당신의 발목을 잡고 있는가? 아무런 행동도 하지 않는 이유를 깨달았을 때, 스스로 행동할 것을 다짐하고 전향적으로 움직이면서 다른 사람들에게 도움을 구하라. 주변 사람들은 당신 앞에 놓여 있는 장애물을 더 잘 알 수 있다. 당신이 시끄럽게 떠들어댔던 것을 그들이 더 잘 들었을 수도 있다.

선택 4_ 당신을 바꿔라

당신 자신을 바꾸는 행동은 용기가 필요한 어려운 일이다. 그 일은 자신에게 당신이 최악의 적일 수 있다는 사실을 인정할 것을 요구한다.

스스로를 바꿀 필요가 있다고 인정하는 사람은 큰사람이다. 하지만 행동의 결과를 예측할 수는 없다. 성공한 사람들조차도 대부분 스스로 최선을 다하고 있는지, 새로운 접근 방법이나 태도가 도움이 되는지 끊임없이 자문한다.

지금까지 해왔던 방어적인 태도를 버려야 한다. 완벽한 사람이란 없다. 당신은 결점과 단점을 갖고 있으며, 강점과 재능도 있다. 당신 자신을 합리적이고 인간적인 측면에서 본다는 것은 다행이다.

변화에 필요한 것이 무엇인지 솔직해질 때 당신은 변화의 가능성에 대한 탐구를 시작할 수 있다. 그것은 당신이 다른 사람이 돼야 한다는 것을 의미하지 않는다. 오히려 어떤 행동이 당신의 발목을 붙잡고 있는지와 대면하는 것이다. 온 힘을 쓰지 않아도 될 것이다.

자신의 행동을 변화시킬 용기를 갖는다는 것은 당신에 대한 다른 사람의 반응에 탁월한 연쇄효과를 미칠 수 있다. 그것은 다른 사람들에게 긴장을 풀고 그들 자신에 대해서도 솔직해지도록 격려해준다.

이러한 선택에 직면한다는 것은 통찰과 의지력을 필요로 한다. 그것은 당신에게 솔직한 것을 요청하고, 간단없이 그들의 말에 귀 기울일 것을 요구한다. 그들이 옳지 않을 수 있다. 하지만 당신은 친구들과 동료들의 집단 내부로부터 어떤 패턴이나 일관된 얘기를 듣지 않겠는가?

당신은 자신을 잘 살펴서 하고 있는 '일' 이 현실적으로 당신의 가치를 떨어뜨리고 있다는 것을 이해할 필요가 있다. 그리하여 당신은 그러한 행동을 바꾸기 위해 조금은 어려운 일을 하고, 또 낡은 습관으로 되돌아가지 않도록 할 필요가 있다. 이는 말하기는 쉽지만 행동하기는 어렵다.

그런데 그 주인공이 당신이라는 사실을 어떻게 알 수 있겠는가? 당신이 불행하며, 또한 할 수 있는 일을 만들어내지 못하고 있다고 말하자.

여기에 정직한 답변을 요구하는 몇 가지 질문이 있다.

⋯⋗ 당신은 어떤 일에서 행복한 적이 있는가?

⋯⋗ 당신이 지속적으로 높은 수준에서 일을 수행했을 때 의미 있는 순간이 있었는가?

⋯⋗ 당신은 일반적으로 스스로 동기부여를 하고, 적극적인 사고방식의 소유자로 묘사되는가?

⋯⋗ 당신은 대체로 가치 있는 고용인으로 간주되는가?

⋯⋗ 당신은 기밀을 필요로 하는 일에서 신뢰를 얻고 있는가?

⋯⋗ 사람들이 당신의 의견을 듣고자 하는가?

⋯⋗ 존경을 받고 전문적인 고용인들 사이에 광범위한 각성이 존재하는가? (불평불만을 늘어놓는 사람은 주시하지 말라. 그들은 언제나 구덩이 속에 있다!)

당신이 이 질문들에 대해 '아니요' 를 적는다면, 거울을 오랫동안 들여다볼 시간이다. 이직은 당신의 불행을 부추기는 문제에 변화를 가져올 것 같지 않다.

이제 다음의 질문에 답해보자.

⋯ 다른 사람들이 당신의 행동에서 (나쁜) 변화에 대해 지적하는가?
⋯ 당신은 받을 만하다고 생각한 기회를 지나쳐버린 적이 있는가?
⋯ 당신은 때때로 자신을 다소 부끄럽게 느낀 적이 있는가?
⋯ 당신은 게임을 시작하고 있는가?
⋯ 당신은 사람들에게 조심스럽게 딴죽걸면서 어떤 일이나 다른 사람
 들에게 태업을 한 적이 있는가?
⋯ 당신은 그 자리가 너무 싫어 긍정적인 제안을 하고 싶지 않거나 할
 수 없다고 느끼는가?
⋯ 당신은 당신 회사와 거래하는 사람들의 관심을 다른 쪽으로 유도
 한 적이 있는가?

‘예’ 라는 답이 많은가? 그렇다면 당신은 행동을 요구받기 전에, 그리
고 자신의 불행이 당신을 끌어내리기 전에 행동할 필요가 있다.

일을 할 때 지속적으로 낮은 성취는 속도에 관계없이 해고로 이어질
수 있다. 그것은 결코 웃음거리가 아니다. 해고가 진행된다면 누구의 이
름이 가장 윗자리에 놓일 것 같은가? 몇몇 관리자들은 ‘태도에 문제가 있
는 사람’ 을 자르기 위해 ‘전면적인 부서 축소’ 와 같은 구실을 앞세운다.

당신은 행동에 변화를 주고, 또 직장도 바꾸고 싶다는 결정을 내릴 수
있다. 상큼한 출발은 좋다. 하지만 당신이 떠날 필요는 없다. 나는 자신의
행동을 180도 바꿔 직장에 남아 있는 사람들을 본 적이 있다. 자신들의
문제를 솔직히 인정하고 다른 사람들의 지지를 받음으로써 직장에 머물
수 있었고, 정상 궤도에 들어설 수 있었다. 당신이 부진을 극복하고 긍정

적인 사람으로 다시 태어난다면 승진도 뒤따를 것이다.

　권태기는 어떤가? 그 일이 너무 지겨워 어떤 기쁨도 느낄 수 없는가? 기쁨을 누리기에는 에너지와 열정이 부족한가? 지겨운 직장이란 존재하지 않는다. 당신은 지겨운 직장을 즐겁거나 도전할 가치가 있는 곳으로 바꾼 사람을 언제든지 발견할 수 있다. 마찬가지로 어디에 있든지 "지겨워"라고 투덜거리는 사람들은 존재한다. 작업 조건이 당신에게 어울리지 않거나, 자신의 태도를 변화할 필요가 있다.

좋아, 나는 변화가 필요해

스스로의 행동을 인정하고, 긍정적인 변화를 원할 때 당신은 상황을 바꿀 수 있다. 누구도 당신을 대신 할 수는 없다.

많은 사람들이 도와줄 것이며, 요청에 즐거워할 것이다. 하지만 첫 번째 행동은 당신 자신에게서 나와야 한다. 부정은 대단히 편할 수 있다. 변화의 필요에 직면한다는 것은 오랜 시간을 요구한다.

"사람들이 변화를 바라는 데는 세 가지 이유가 있다. 첫 번째는 그들이 충분히 상처를 받았기 때문이다. 그들은 오랫동안 똑같은 벽에 머리를 수도 없이 박아서 충분히 변화할 이유가 있다고 결정한다. 그들은 오랫동안 터지지도 않은 똑같은 슬롯머신에 투자했기 때문에 마침내 게임을 그만두거나 다른 곳으로 옮기려고 한다. 그들은 편두통에 시달린다. 그들은 종기에서 진물이 흘러 아파한다. 그들은 알코올의존증자이다. 그들은 바닥까지 보았다. 그들은 이제 위로를 구한다. 변화를 원하는 것이다.

사람들이 변화를 원하는 다른 이유는 권태나 지겨움이라는 느린 형태의 절망이다. 이는 인생을 살아본 사람들이 "그래서 어쩌란 말인가"라고 이야기하다가 마침내 "그래서 어쩌란 말인가"라고 궁극적으로 큰 물음을 던지는 것과 같다. 그는 변화할 준비가 돼 있다. 사람들이 변화를 원하는 세 번째 이유는 그들이 할 수 있다는 돌연한 발견을 통해서다."

_토머스 해리스

우리가 말하고 행동하는 것들을 우리 스스로 선택하는 이 돌연한 발견은 관찰하기에 흥미로운 것이다.

우리 스스로 행동하는 방식을 선택한다

'아하'의 순간은 다음과 같은 말들로 드러난다. "당신이 알듯, 그것이 옳아. 나는 내 행동을 선택할 거야", "나는 바꿀 수 있어", "나는 달라질 수 있어", "나는 선택할 수 있어", "내가 더 참을 필요는 없어", "나는 내가 좋아하는 일을 하면서 자유롭게 살 수 있어", "나는 책임이 있고, 설명할 수 있어", "내가 여기에 있을 필요는 없어", "내가 이 상황을 받아들일 필요는 없어", 그리고 "도대체 내가 무슨 일을 기다리고 있단 말인가?"

「해리가 샐리를 만났을 때」라는 영화를 봤다면, 당신은 빌리 크리스털이 신년 이브에 맥 라이언을 보기 위해 달려가던 모습을 기억할 것이다. 그는 그녀가 청혼할 때까지 기다릴 수 없었다. 그는 말했다. "당신이 인생의 나머지를 누군가와 보내고 싶다는 것을 깨달을 때, 그것이 가능한 한 빨리 시작되기를 바랄 것이오."

이러한 행동은 변화할 수 있고, 또 스스로의 행동을 선택할 수 있다고 느낀 사람에게도 똑같이 나타난다. 그들은 인생의 나머지를 지금 시작하기를 바란다. 그들은 돌아가기를 원치 않는다.

나를 흥분시킨 질문이 있다. "누가 당신의 행동을 선택하는가? 누가 당신의 삶에 책임이 있는가? 누가 당신의 행동과 반응을 통제하는가?" 이런 질문은, 나를 괴롭히고 화나게 했다. 더욱 짜증나게 한 것은 질문자가 개인적인 책임에 대해 조금이라도 양보하기를 거부했다는 점이다.

물론, 이처럼 책임 있거나 내부 지향적인 태도를 취하는 것이 모두 즐겁기만 한 일은 아니다. 당신이 인생을 통제하기로 결정했다는 이유만으로 인생이 갑자기 완벽해지지는 않는다. 당신이 통제하지 못하는 일도 일어날 수 있다. 당신은 스스로의 감정을 억제해서 극복하기 어렵게 만들지 말라. 당신은 화낼 권리를 유보할 필요가 있다. 당신은 다른 사람들의 꾸짖음을 받아들이면서 감내하는 천덕꾸러기가 될 필요는 없다. 자율(스스로를 통제하는 것)과 자동인형이 된다는 것 사이에는 커다란 차이가 있다.

하지만 당신이 전향적인 자세를 취해서 자신의 행동에서나 삶 속에서 긍정적인 변화를 이룬다면 자그마한 교훈은 될 것이다. "나는 행복하지 못했어"라고 해명하는 것은 우스꽝스러운 반발을 낳을 수 있다. 왜?

어떤 사람이 자신의 삶과 행동을 바꿀 때, 그것은 변화의 가능성을 보여준다. 어떤 사람들은 변화가 가능하다거나 목표가 성취될 수 있다는 증거를 보기 싫어할지도 모른다. 그들은 노력하는 사람을 조롱하기도 하는데, 이는 눈앞에 있는 증거가 불편하게 느껴지기 때문이다. 그것은 신경질적인 부류의 웃음인 것이다.

"내 행동이 문제가 되었다면, 확실히 누군가가 나에게 말했을 것이다." 즉시 돌아오지 않는 피드백을 기다리기 위해 호흡을 길게 하지 말라.

당신이 요청한 피드백조차 경계를 받을 수 있다. 사람들은 정직하다는 것에 대해 두려워한다. 그들은 사소하거나 당신이 이미 알고 있는 사실만을 얘기해줄지 모른다. 몇몇 사람들은 당신의 반응에 대해 우려할지도 모른다. 대면에 대한 두려움, 통제의 상실이나 보복성 조치는 중요한 말들이 숨겨져 있다는 것을 의미할 수도 있다. 누가 일 때문에 불행해하는 사람과 진지한 이야기를 나누려고 하겠는가? 그 일은 관리자의 몫이지만 그는 이러한 이야기를 두려워할 수 있다.

'아무것도 하지 않는 것'이 선택할 수 있는 전부가 아니라면 우리 모두는 변화를 선택할 수 있다. 영화 「쇼생크 탈출」에서 한 구절을 인용해 보자. "나는 그것이 단순한 선택이 됐다고 생각한다. 당신은 사느라고 바쁠 수도 있고, 죽느라고 바쁠 수도 있다." 변화는 당신이 빈둥거리면서 바라는 기적이 아니다. 당신의 삶에서 참으로 오래 지속되는 변화는 어떤 구원의 힘에 의해 이루어지는 것이 아니다.

> " '인간은 태도를 바꿈으로써 삶을 변화시킬 수 있다' 는 발견은 내 세대의 가장 큰 깨달음이다."
> _윌리엄 제임스

변화는 자각과 성실성으로부터 시작된다. 그것은 노력과 끈기에 의해 얻어진다. 우리는 노력과 끈기라는 말들 때문에 진정한 변화의 관념을 부끄러워할 수도 있다. 나는 그것들이 당신을 놀라게 하지 않기를 바란다.

동병상련同病相憐이란 말이 있다. 당신은 당신만큼이나 불행한 사람을 늘 발견할 수 있다. 하지만 그들에게서 위안을 받으며 무관심과 타성의 유혹에 빠지지 말라.

당신은 언제나 당신의 세계를 변화시킬 수 있다.

2

일과 거친 현실들_당신이 무엇을, 어디에서 하든지간에

"내가 변화시킬 수 없는 것들을 받아들일 수 있는 평정을, 내가 할 수 없는 것들을 변화시킬 수 있는 용기를, 그리고 그 둘의 차이를 알 수 있는 지혜를 나에게 주기를 바랍니다."

_라인홀드 리버

대부분의 좌절과 불행은 담벼락에 당신의 머리를 박는 데서 온다. 당신은 몇 개월에 한 번씩 직업을 바꿀 수 있다. 하지만 여전히 당신이 찾고 있는 직업은 발견되지 않고 있다. 그것이 어디에도 존재하지 않아서 그럴 수도 있을 것이다. (자신의 일을 위해서 조직 생활을 떠나지 않는 한) 또한 기회는 당신이 영향을 미칠 수 있는 곳에서 기다리고 있을지도 모른다. 변화를 완강히 거부하는 것에서 변화 가능성을 발견한다는 것은 상당한 시간과 에너지를 아끼는 일이다. 두 가지를 인식함으로써 당신은 장애에 부딪혔을 때 다시 일어서 나아갈 수 있다.

이 장은 당신이 아무리 애를 써도 바뀌지 않는 어떤 것이 있기 때문에 '일과 관련한 거친 현실들'이라 부를 수 있다. 그것은 당신의 기대를 현실에 맞춤으로써 당신이 손가락을 깨물면서 왜 세상은 내 장단에 맞춰 춤추지 않는가 의아해하면서도 결코 실망하지 않도록 하는 것이다.

변화하지 않는 직장의 속성으로 인해 많은 사람들이 머리 아파했다. 우리는 세상이 존재하는 방식에 동의하지 않을 수도 있다. 하지만 우리는 그 세상 속에 살아야 하며, 또 그 속에서 일을 해야 한다. 우리가 가변적인 것에서 고정적인 것을 명확히 판별할 수 있다면 우리는 그 속에서조차 성공할 수 있을 것이다.

실제로 당신은 많은 것을 빚지고 있지 않다

나는 알고 있다. 그것은 불쾌한 경험이다. 물론 당신은 정해진 임금, 고용 기간이나 건강 및 안전 기준과 같이 법적으로 확립된 모든 것을 빚지고 있다. 적어도 계약서를 읽어보고 기본적인 자격과 권리를 알아보라. 당신은 그것들을 알아볼 필요가 있다. 당신이 정직하지 못한 고용주를 위해 일한다는 것을 발견할 수도 있다.

당신은 대부분의 경우 법적으로 정해진 최소한의 기준에 빚지고 있다. 만일 '규칙'이 존재하지 않는다면, 당신은 시장의 평균 수준을 요구할 자격이 있다. 당신이 시장의 평균 수준이나 산업의 기준에 맞지 않을 수도 있지만, 그것이 현실이다. 청소부가 펀드매니저보다 돈을 조금 번다는 사실에 빈둥거리면서 불평하는 것은 시간 낭비다. 당신이 옳을 수 있다. 그것이 불공평할 수도 있다. 하지만 시장의 현실이 달라지기 전까지 당신은 많은 것을 빚지고 있지 않다.

당신은 기본적인 예절과 기준을 빚지고 있다고 생각할 것이다. 하지만 그것이 언제나 맞는 것은 아니다. 일을 하면서 당신은 두려움이나 위협, 굴욕감을 느껴서는 안 된다. 그것이 일어날 수 있고, 또 당신이 싸움에서 이기지 못할 수도 있다. 당신이 친절하고 좋은 작업 환경에서 일한다면, 그것은 상당한 장점이기는 하지만 정해진 권리는 아니다.

많은 일을 하면서도 임금은 적게 받는 사람이 있다. 다른 사람들을 위해 기꺼이 생활을 희생하고 의무보다 더 많은 일을 하는 사람도 있다. 나는 내가 말할 수 있는 것 이상으로 그들을 존경한다. 불행히 그만한 자격이 되지 않는데도 이러한 집단 속에서 자신의 위상을 주장하는 수많은 고용인도 있다. 그 때문에 당신이 많은 일을 하면서도 저임금에 시달리고 있다는 호소에 반향을 불러일으키기 어려운 것이다.

"일을 하지 않으면 아무런 보상도 없다." 진정한 소득은 획득되는 것이거나 수여되는 것이다. 승진이 자동으로 이뤄지는 조직은 대단히 적으며, 만일 그러한 곳이 존재한다 할지라도 그들은 효율적인 관료가 될 수 없다.

많은 특전과 조건들은 임시 수입, 즉 특정한 시장에서의 일의 결과, 특정한 시간에 특정한 고용주와의 결과일 뿐이다. 그것은 일반적인 권리와 전혀 다르다. 여러 해에 걸쳐 사람들은 나에게 음료수 자판기, 매점에서의 다양한 아이스크림 판매, 수년 간의 봉사에 기초한 판매 촉진, 자유 주차공간, 차 배달, 근무시간 자유 선택제, 부당한 병가 휴가와 남아도는 크리스마스 만찬 음식들도 자신들의 권리라고 말했다. 아니다! 그것들은 특전이다.

나는 한때 사무실에서 좋은 샴페인 병을 나누어주는 일을 도와준 적이 있었다. 모든 고용인들은 회사로부터 '고맙다' 라는 말 한마디를 하고 하나씩을 받았다. (이것은 특별휴가와 3주간의 보너스를 대신한 것이었다.) 나는 투덜거리면서 병을 움켜쥐고 "이것 대신에 현금을 받을 수 없어요?", "나는 샴페인을 좋아하지 않아요!"라고 말을 하면서 머뭇거렸다. 그것은 단순한 몸짓이었다. 즉, 매우 훌륭한 급여와 조건에 덧붙여진 경품이었다. 만일 샴페인 병을 내 돈을 내고 샀다면, 나는 다시 고민하지 않았을 것이다.

당신이 이런 종류의 특전을 권장받거나 당신에게 주어진다면, 그것은 아마도 당신이 그것을 획득했기 때문이며, 누군가가 당신에게 그것을 주려고 결정했기 때문이다. 임의 소득에 대해 단순히 당신에게 감사하는 것이 부적절한 행동은 아니다. 당신은 그것을 획득했으며, 그것은 '시간에 대한' 보상이리라. 하지만 당신이 누군가에게 호의를 베풀었다면 감사하다는 인사를 받고 싶지 않은가? (일처리를 산뜻하게 하라. 감사의 표현은 그 이상으로 격려가 될 것이다.)

적어도 과외 소득에 대해 행복해하고, 선물로 인정하라. 사람과 접촉할 때 조그만 흔적도 놓치지 말고 당신이 빚진 것과 당신이 얻은 것의 차이를 인식하라.

당신이 돈과 기간을 바꾸고자 한다면, 그에 대해 건설적인 것을 하라. 당신이 설득해서 얻고자 한다면, 확실한 당신의 노력이자 결과이며 또 시장가치인 급여에 관한 현실적인 증거를 준비하라. 증거는 경우에 따라 흔들릴 수도 있다. 화내고 투덜대는 것만으로는 설득할 수 없으며, 다른 사람의 지원을 얻는 예측 가능한 결과도 낼 수 없다. 만일 합리적인 시도를 하는데도 많은 것을 얻는 데 실패했다면, 당신은 언제나 '헛다리를 짚을 수' 있으며 필요한 것들을 다른 곳에서 찾으려 할 것이다.

불평은 희망을 삼겨버린다

　당신은 편지함을 본 마르샤(Martha)가 당신의 말을 경청하는 것처럼 보일 수도 있다. 심지어 그녀는 크게 동의하면서 끄덕일 수 있다. 하지만 당신의 문제와 관련해 무언가를 할 수 있는 사람은 아마도 오래전에 드러났을 것이다. 당신이 옳을 수도 있다. 하지만 누구도 당신의 이야기를 듣고 싶어하지 않는다.

　불평하기는 따분하고 화나는 일이다. 만일 사람들이 서서 당신의 말을 기꺼이 경청한다면(그런데 많은 사람들은 당신을 피할 것이다), 그것은 아마도 말이 끝나기를 기다렸다 똑같이 불평하고 싶기 때문일지도 모른다.

　당신은 자신과 다른 사람들의 시간을 낭비하고 있다. 에너지를 낭비하고 있다. 또한 개선의 가능성이 줄어들기 때문에 당신의 상황을 악화시키고 있을지도 모른다. 불평분자를 누가 직원으로 충원하거나 관리하고 싶어하겠는가? 누가 그들과 가까이서 일하고 싶겠는가? 누가 그런 상황에서 당신을 도와주려고 하겠는가?

　문제를 말하는 데 많은 재능이 요구되는 것은 아니다. 물론 전문가가 돼서 해결책을 마련하는 데는 재능과 생각이 필요하다.

　내가 불평하기나 투덜거리기라는 주제에 대해 얘기할 때마다 "아, 하지만 재밌어"라고 말하는 사람이 반드시 있다. 하지만 이런 말은 유머로 들리지 않기 때문에 이상하다. 나는 누군가가 불만으로 가득한 집단을 벗어나서 좋은 감정이나 희망적인 태도로 행동하려는 모습을 보지 못했다. 나는 성공한 사람들이 그런 일에 시간을 허비하는 모습을 거의 보지 못한다. 불평하기는 희망을 삼켜버리고 에너지를 날려버린다.

당신이 개탄하고 있는 문제의 한 부분이 되는 위험이 있다. 당신이 그 문제에 대해 이야기할 수 있는 가장 많은 경험을 가지고 있을지 몰라도, 당신은 그 해결책에 대해 자문했던 최후의 인물이 될 것이다. 당신은 긍정적 사고를 지닌 사람을 (당신의 가장 큰 우군이 될 수 있는) 소외시킬 수 있다.

당신은 또 다른 선택지를 갖고 있다. 당신은 상황을 진정시키고 경청하며, 가능성이나 아이디어를 끌어내고 주변 사람들을 고무시키는 인물이 될 수 있다. 만일 당신이 이 끔찍한 불평만 늘어놓는 습관에 젖은 자신을 본다면, 좀 더 현실에 가까워지도록 하라. 자문해보라. "나의 일하는 삶이 얼마나 어려운가?" 신문을 보고 주변을 살펴보라. 현실적인 두려움과 문제가 있음에도 현재에 만족하려는 사람들이 존재한다.

당신은 얼치기들과 함께 일을 할지도 모른다

당신은 직장 생활에서 뛰어난 사람들을 만날 가능성이 많다. 당신은 일의 결과로서 인생 친구를 만들 수 있다. 당신은 수많은 프로모션이 공정하다거나 받을 가치가 있다고 생각할 수 있다.

하지만 당신은 직장에서 게으르고 자질이 떨어지거나 없는 사람, 혹은 파괴적인 사람들을 만날 수도 있다. 당신은 정직하지 못하고 부패하며 비윤리적인 사람들도 만날 것이다. 당신은 스스로의 행동과 또 그것이 타인들에게 미치는 영향에 대해 거의 자각하지 못하는, 형편없는 사람들을 위해 일하는 자신의 모습을 발견할 수도 있다. 그들은 그 행동에 대해 지적을 받을 경우, 거의 혹은 전혀 부끄러움을 느끼지 않을 것이다.

직장 안에서 약자를 괴롭히는 행위는 끔찍스러운 일이다. 약자를 괴롭히는 사람이 관리자의 마음에 드는 경우가 불가능한 것만은 아니다. 그것은 끔찍하고 옳지 못하지만, 그런 일은 일어난다.

때때로 원하는 대로 할 권리를 획득했다고 느끼는 사람들이 있다. 아마도 그들은 자랑하고 싶은 상부와의 끈을 가지고 있을 수도 있다. 그들은 한때 큰 고객을 확보했거나 탁월한 업적을 성취했을지도 모른다. 대부분의 사람들은 직장에서 살아남을 수 있다. 심지어 그들 가운데 몇몇은 승진할 수도 있다. 그들은 자신들을 건드릴 수 없는 존재나 윗사람들에

51

의해 보호되고 있다고 생각할 것이다. 때때로 그들은 보호를 받고 있다. 하지만 관리자들이 무엇이 이루어지고 있는지를 모를 가능성도 크다. 때때로 얼치기들이 잘 속이기도 하고 기적적으로 살아남기도 한다. 하지만 그 사실이 알려진다면, 그 일은 장점보다 부담이 될 가능성이 높다. 그들은 그 자리나 그에 걸맞은 행운을 감당할 만한 인물이 되지 못할 것이다.

당신은 언제나 자신이 하는 일을 선택할 수 있다. 또한 사람들을 좋아할 수도 있고, 사랑하지 않을 수도 있다. 하지만 당신은 그들과 함께 일을 해야 한다. 이러한 상황이 당신을 얼마나 곤혹스럽게 하는가? 이것이 당신의 삶을 비참하게 만드는가? 당신이 하는 일을 사랑하고 그곳에 머물고 싶다면, 당신은 그들에 대한 생각을 하지 않고 매일 매일의 일을 진행시키려고 노력할 수 있는가? 심지어 당신에게 의기소침한 결과를 가져온다 할지라도, 당신은 이와 관련해 무언가를 하고 싶지 않은가?

당신이 무엇을 하든, 당신 자신의 가치와 믿음에 충실하라

이러한 사람들을 모델로 삼지 말라. 그들이 많은 급여를 받고 별 걱정 없이 편하고 쉬운 삶을 살고 있을 수도 있다. 하지만 당신은 그들을 따라해서는 안 된다. 자신을 믿어라. 당신은 그들보다 뛰어나다. 무엇을 하든 당신 자신의 가치와 믿음에 충실하라.

세상이 늘 공정한 것은 아니다. 어떤 직장도 완벽하지는 않다. 우리 사회는 능력제(meritocracy)를 향해 나아가고 있다. 하지만 이 조직은 아직 그렇지 않다. 이는 또 다른 냉혹한 현실로 보여주는데, 이 자리에서 기술하기에는 어색하다.

당신의 원칙이 검증될 것이다

당신은 스스로의 가치와 믿음에 충실해야 한다. 나는 이 말에 확신을 갖는다. 그러나 때때로 우리 자신이 흔들리는 것도 사실이다.

이상적으로 볼 때, 당신의 가치 및 원칙, 아이디어와 당신의 고용주나 고객들 사이에는 적당한 어울림이 있다. 이상적으로 볼 때 그것이 결코 완벽한 어울림은 아니지만 완전히 불일치하는 것도 아니다. 때때로 우리의 직장은 변화를 겪고, 우리의 믿음과 원칙들은 도전을 받는다. (예를 들어 나는 무료 건강 보호를 믿을 수 있지만, 지금 내가 일하는 진료소가 요금을 부담시키려고 한다.)

때때로 직장은 새로운 소유주나 관리자들에 따라 바뀐다. 그들은 우리가 헤아릴 수 없거나 우리에게 상당히 소원한 원칙들을 가질 수 있다. 그리고 이러한 도전을 얻기 위해서 커다란 이동을 요구하지 않을 수도 있다. 당신은 당신을 시험하는 요구나 당신의 가치를 시험할 수 있는 상황에 갑작스럽게 부딪혀 위치를 바꿀지 모른다.

이러한 딜레마를 해결하는 것이 일상 투쟁이고, 또 그것이 당신에게 상당한 고통을 불러온다면, 당신은 떠나는 것에 대해 생각할 수 있다. 그리고 그것이 당신에게는 올바른 선택이 될 수도 있다. 하지만 눌러앉아 타협할 수도 있다.

당신에게 법규를 위반하게 하거나 다른 사람의 생명을 위협하도록 압력을 넣는 고용주나 상황을 피하기 위해 세심한 주의를 기울여야 한다. 불법적이거나 생명을 위협하는 일이 아니라도 도전할 일은 많다.

예를 들어, 완벽하게 정직해지는 것을 원한다고 늘 가능한 일은 아니다. 자상한 고용주가 되거나 공개적이고 양심적으로 일하는 것이 늘 가능하지 않다. 돈을 벌고 살아남아야 한다는 압박은 직원들을 잡아두거나, 사람들과 친근한 관계를 유지하려는 관리자의 욕망과 맞부딪칠 수 있다.

다음과 같은 것을 시험해보라. 만일 직장 동료가 비용을 사사로이 쓰고 부업에 종사하거나 회사 돈을 빼낸다는 사실을 당신이 알 경우, 당신은 그 일을 다른 사람들도 알게 하겠는가? 만일 그 사람의 가족이 감당하기 힘든 값비싼 치료를 필요로 하는 자식이 있을 경우, 회사에 알리겠는가? 만일 감독자가 한 해의 성과를 발표하며 자신은 엄청난 보너스를 받으면서 부서 직원들에게는 급여 인상이 없다고 할 경우, 당신의 답변은 영향을 받을 것인가? 쉬운 일은 아니지 않은가? 우리가 직면할 수 있는 시험의 종류나 방심할 수 없는 상황은 엄청 많다. 당신이 무엇을 하기로 선택하든, 그 과정에서 당신은 스스로에 대해 많은 것을 배울 수 있다. 그것은 이상적인 세계가 아니다. 인생과 다른 사람에 대해 엄격하고 완고한 기대를 갖는 것은 당신에게 도움이 되지 않을 것이다.

나는 당신에게 원칙을 포기하라고 제안하는 것이 아니다. 단지 우리 모두가 시련을 겪을 수 있다는 사실을 당신이 알기를 바라며, 그에 대해 이야기하려는 것뿐이다. "일은 결코 나에게 도덕적인 딜레마를 제공하지 않는다"고 말하는 사람에 대해 우려할 뿐이다.

안정적인 직장이란 존재하지 않는다

　현실적으로 당신이 안정적인 직장에 가까이 다가가는 길은 당신이 하고 있는 일에 정통하는 것과 사람들이 그 사실을 인정하는 것이다. 그것은 능력과 가치를 필요로 하고 인정받는 것이라고 할 수 있다.

　당신은 평생직장의 특전을 가지고 있지 않다. 큰 회사들은, 과거엔 그렇게 했을지라도 더는 평생직장을 약속하지 않는다. 지금으로부터 30년 후는 말할 것도 없고 단 5년 후에 직장이 어떻게 될지는 누구도 알지 못한다. 산업 전체가 명멸할 수 있는 것이다.

　구조조정, 조직 재편성, 감원, 통합, 매각 그리고 1990년대의 불안정과 급격한 변화는 직장의 장기적인 보장을 불합리한 일로 만들었다. 경력관리는 당신에게 달려 있다. 그러한 변화에 익숙해지도록 최선을 다해라. 안정적인 직장이 되돌아올 징후는 보이지 않는다.

　당신은 '안정적인 직장'을 갖기 위해 사람들이 내는 높은 비용을 알고 있는가? 그러한 종류의 완충장치는 평범한 사람과, 사람들의 충성심 및 의존성을 키울 수 있다. '회사인'은 조직생활을 하는 과정에서 서서히, 그러나 보이지 않게 '의지'를 꺾으려는 상황에 직면할 수 있다. 당신은 이것을 원하는가?

　나는 장기 근속자들을 내보냈던 '안전한 회사에서 일을 시작했다. 나는 종종 다운사이징(규모 축소), 스트리밍라인(합리화), 삭정이 선별과 제거 같은 말들을 들었다. 나는 충성을 쌍방향의 성공 가도로 생각하는 나이 많은 사람들에 의해 둘러싸여 있었다. 그들은 충성을 다했다고 믿은 회사로부터 내몰리면서 큰 충격을 받았다. 대부분의 장기근속 간부들은 가족의 머리를 바라보듯 고용주를 바라보았다. 나는 고용인들의 이름이 간결하고 형식적인 회의에서 거의 주목받지 못했다는 사실을 알고 있다. 이들은 황금시계를 받는 공식적인 자리에서 은퇴하기를 기대했다. 그것이 자신들의 권리라고 믿었다. 그들은 세상의 변화와 자신들이 한때 알았던 회사가 사라지는 모습에 비탄해했다. 승진하지 못한 채 한자리에서 오랫동안 근무한 평범한 직원(만일 그가 준비하는 방법이라도 알았다면)은 갑자기 쓸모없게 되었다. 그것은 마치 밤새 제도가 바뀌어 화폐가치가 없어져버린 것과 같았다. 그것은 나에게는 유익한 교훈이었다. 나는 그런 광경을 거의 10년 후에 다른 지역에서 다시 보았는데, 그 상처와 불신은 똑같았다.

당신 스스로 경력을 관리하고, 이력서의 내용을 경신하는 것이 현실적이다. 더욱 중요한 사실은 스스로를 갈고닦아 시장가치를 높이는 것이다. 새로운 산업과 직업, 경력들이 생겨나고 있다. 당신이 그곳에 있을 기회는 대단히 많다. 조금이라도 움직이는 것이 바람직할 뿐 아니라 현명한 일이다. 다른 접근 방식을 배우고 새로운 일이나 회사 경험을 쌓는 것이 당신의 경력 버전에 훨씬 매력적인 일일 것이다.

안정적인 직업을 찾지 말라. 그런 것은 세상에 존재하지 않는다. 당신이 내일 퇴사할 수 있다고 가정해보라. 당신은 사랑하는 일을 할 수 있고, 일을 사랑할 수 있으며, 당신의 감각을 키울 수 있다.

누구도 혼자 하지 않는다

자수성가한 사람은 하나의 신화이거나 극히 드물다. 누구나 좋아하는 사람이 있고, 또한 다른 사람의 방해나 도움을 받는다. 대부분의 성공한 사람들은 도움을 청하는 방법을 배우며, 거절에 따른 위험을 기꺼이 감내한다. 또한 일을 하면서 다른 사람의 관심이 필요하다는 사실을 깨닫는다. 여기에 부끄러움은 없다. 만일 당신이 독립적이고 스스로 동기부여를 하는 사람이라면, 도움을 청하는 일에 어려움을 느낄 수 있다. 당신은 호의적인 사람들이 당신의 성공을 변질시킨다고 느낄지도 모른다. 그들은 그렇지 않다.

도움을 청하는 방법을 배워라. 당신을 도와줄 수 있는 사람은 독심술사가 아니다. 그들은 당신이 말하기 전까지는 당신이 무엇을 원하는지를 알지 못한다. 당신이 들을 수 있는 최악의 말이라 해도 '꺼져' 정도일 것이다. 하지만 솔직히 말해서 그런 말을 할 사람은 매우 적다.

직장 생활을 필요 이상으로 어렵게 만들지 말라. 인간 본성과 관련해 신기한 일은 대부분의 사람들이 도움(의견이나 자문)을 요청받기를 좋아한다는 것이며, 정중한 요청에 대단히 긍정적으로 반응한다는 것이다.

당신이 급여를 받는 것은 일을 하기 위해서다

물론 당신은 직장으로부터 은혜를 받을 것이며, 이는 중요한 문제다. 하지만 직장이 존재하는 이유는 누군가 생존하고 돈을 벌기 위해 그것을 필요로 하기 때문이다.

회사에는 투자 수익을 추구하는 주주株主가 있다. 우리와 마찬가지로 그들도 자신들의 돈이 불려지거나 적어도 안전하기를 원한다. 당신은 주주들이 줄무늬 옷을 입고 시가를 피우며 번쩍거리는 자동차를 모는 '살찐 고양이'라고 상상하고 싶을 것이다. 하지만 투자자들은 이웃에 있는 월프레드와 에텔처럼 자신들의 돈이 어디에 투자되고 있는지를 모르는 연금 수여자나 저축자에 훨씬 가깝다.

이윤을 추구하는 조직은 이윤을 만들어내야 한다. 그들은 여기저기서 손실을 입을 수 있겠지만, 그것이 반전되어 소득이 있을 거라고 생각될 경우에만 그렇다. 물론, "우리는 고객에게 초점을 맞추고 있습니다", "우리는 사람을 먼저 생각합니다"라고 말하는 것은 멋있다. 고객들이나 고용인들의 단합된 노력이 없다면 이윤도 없다. 하지만 아무리 좋은 의지를 갖고 있다 할지라도 회사가 돈을 까먹기 시작한다면 그 회사는 큰 소동을 겪거나 사업을 접어야 할지도 모른다. (이는 충성스러운 고객이나 동기유발을 하는 간부가 있음에도 그럴 수 있다.)

비영리조직이나 정부 조직에도 요구를 하는 고객이 존재한다. 그러한 조직은 이윤을 추구하지 않지만, 돈이 낭비될 수 있는 것도 아니다. 거기에도 여전히 투자자가 존재하지만, 그들은 유권자나 납세자로 구성되어 있다. 조직은 그 목적을 수행하는 데 성공에 대한 기대를 받고 있다. 세금을 지원받는 직장은 감시로부터 자유롭지 않다. 납세자들은 자신들의 돈이 낭비되고 있는지를 알고 싶어하며, 또 그렇게 하는 것이 당연하다.

당신은 조직의 현실적 목적에 관심을 기울이지 않는 사람들과 함께 일할지도 모른다. 그들은 심지어 시간과 돈을 낭비하고 고객을 무시하거나 형편없는 서비스를 제공하면서 당신도 똑같이 행동하라고 부추기는 등 노력을 허비하고 있다. 조직을 운영하거나 그 안에서 일하는 사람들의 노력이 고객이나 조직의 가장 기본적인 요구와 어긋나 보일 때 대단히 혼란스러울 수 있다. 이러한 경우가 발생한다면, 그 조직은 미처 의식하지 못한 채 서서히 무너져 갈 것이다. 만일 고용인들이 조직과 그 현실적인 고객들에게 상처를 주는 방식으로 일할 경우, 그들은 쉬엄쉬엄 걸으면서 휘파람을 불거나 그들의 화가 다른 곳으로 옮겨가길 기대할 것이다. 이 경우 고용인이 일을 중단하게 되거나 고객이 감추어진 일정을 폭로해서 그것을 문제 삼을 것이다. 우리는 소비자 시대에 살고 있다. 어디서든 매체가 감시할 수 있다. 사람들은 그들의 사업을 다른 곳에서 할 수 있고, 또 하고 있다.

당신이 좋아하는 직장을 찾는다면, 현실적인 목적을 분명히 하고 그에 따라 노력을 경주하라. 내가 알기에, 이 점은 분명하다. 하지만 대부분의 불평불만은 이처럼 중요한 문제를 간과한 고용인들에게서 나온다. 승진이나 보상이 없는 것에 대한 좌절은 그릇된 노력과 에너지로부터 비롯된다. 일에 대한 비관적인 감정은 당신을 고용하거나 해고한 진정한 목적을 오해한 결과일 것이다.

영리한 경영주는 유능한 사람에게 관심을 갖는다

당신이 고용주가 얻고자 하는 바를 이해하고 동의한다면, 그리고 사업의 존속에 필요한 행동과 결정을 잘 알고 있다면, 당신은 무엇을 위해 일하는지 모르거나 관심을 갖지 않는 사람들과 전혀 다르게 자신의 시간과 행동을 관리할 가능성이 높다. 사업이 생존하고 성장하는 데 도움이 되게끔 당신의 시간과 행동을 관리할 때, 자동적으로 그것은 당신을 더욱 유능한 사람으로 만들어준다. '유능하다' 는 자질은 당신에게 좀 더 나은 경력을 쌓게 하고, 적어도 그것은 사업을 잘나가게 이끌 것이다. 영리한 경영주는 유능한 사람을 확보하고, 그의 승진에 관심을 갖는다.

당신이 책임을 져야 한다

그것이 문제가 된다면, 나에게 책임이 있다. 만일 당신이 이런 말을 듣고 싶지 않다면, 아이쿠다! 당신은 진정한 성공을 얻고 일을 사랑하는 데 심각한 어려움을 겪을 수 있다. 당신이 스스로를 돌아볼 준비가 되어 있지 않다면, 당신은 직장 생활에 대해 현실적이고 긍정적으로 변화할 자세가 되어 있지 못한 것이다.

무엇보다 주된 노력은 당신에게서 나온다. 두 번째로 당신은 자신의 행동에 대해 책임을 져야 하고, 설명할 수 있어야 한다.

일이 당신을 비천하게 만드는 것은 아니다. 당신이 노력하는 과정에서 당신이 누구고, 어디 출신인가는 중요하지 않다. 꼴 보기 싫은 놈이 당신의 사진을 카피하고 분류하는 작업을 한다든지, 혹은 당신이 그 일을 할 때 커피 한잔을 타오게 하는 것이 재미있다는 것을 나는 안다. 하지만 직원 수는 점점 더 줄어드는데, "스스로 그런 일을 하기에는 자신이 너무 위대하다"고 생각하는 사람에게는 누구도 급여를 주고 싶어하지 않는다. "나는 MBA를 취득했어. 그런데 왜 내가 샌드위치를 만들어 먹어야 해"라는 신드롬을 본다는 것은 슬픈 일이다. 이는 슬프기도 하고, 웃기기도 한 일이다!

'자신이 옳고, 또 언제나 완전하다'는 비합리적인 믿음으로 스스로를 보호하는 사람들은 단기적으로는 스스로를 기만하는 처사이고 장기적으로는 큰 충격에 몸을 내던지는 행위다. 그렇지, 그것은 비합리적이야! 단순하게 생각해도 늘 옳고 완벽할 수는 없다. 문제가 언제나 다른 사람 때문이라고 믿는 것은 합리적이지 않다.

누구든 잘못된 상황에 빠지지 않기 위해 자신들의 길에서 벗어나려 하지 않는다. 하지만 실수는 인생의 한 부분이다. 심지어 인생에 유익하게 작용하기도 한다. 우리가 어느 곳에서 배울 수 있는가? 실수를 인정한다는 것은 당신이 정직하다는 사실을 보여준다. 현명한 고용주는 정직성에 높은 점수를 줄것이다.

성취자들은 위험과 상실에 대해 이야기한다. 성공한 사람들은 강점과 약점의 균형을 유지하는 사람을 '충원'하는 경향이 있다. 그것은 적어도 세 가지 기술을 요구한다. 첫째, 기민한 자각이다. 당신은 진정으로 당신의 강점과 약점을 알아야 한다. 둘째, 다른 사람의 공로에 귀를 기울이고 활용할 수 있어야 한다. 셋째, 그러한 사람을 발굴해서 고용하는 방법을 알아야 한다. 마지막으로, 다른 사람들을 비난하고 개인의 책임을 회피하려는 강박관념이 존재하던 1980년대와 1990년대에도 심리적으로 건강한 사람들이 현실과 조화를 이루며 살았다. 우리가 잘못한 일을 다른 사람에게 떠넘길 수 없는 것이 현실이다.

내가 토스터에 손가락을 데었다면, 그것은 내 실수다. 마찬가지로 내가 비포장도로를 여행한다면, 그것 역시 내가 어디로 가고 있는지를 주의 깊게 살피지 않은 나의 어리석은 과실이다. 만일 당신이 실수를 했다면, 그와 관련해 무언가를 하라. 적어도 "미안해요"라고 말하라. 실수를 떠넘길 다른 사람을 찾지 말라. 문제를 감추지 말라. 그와 관련해 거짓말을 한다거나 도망가지 말라. 당신이 결정했다면 결과를 받아들여라. 위대한 인간은 이렇게 대처한다. 당신이 성공하고 싶다면, 책임을 받아들이고 품위 있게 행동하라. 문제가 명백한데도 "그것은 내 문제가 아니야"라고 말하는 사람은 교활하다.

정서적인 면에서 장식용 화초盆栽가 되지 말라. 당신은 훌륭하고 멋지다. 하지만 완벽한 사람은 아니다. 우리 모두는 강점과 약점을 가지고 있다. 약점마저 사랑스러울 수 있다. 어떤 강점이라도 그것이 소진되는 지점에서는 약점으로 바뀔 수 있다.

3

성공적이며 가치 있게 되는 방법

우리는 인생을 살아가면서 스스로 노를 젓지 않으면 배를 움직이지
못한다는 사실을 배운다.

_캐서린 헵번

일에 대한 태도로 가치를 평가받는다

당신이 자신의 일을 사랑하지 않는다면, 태도를 변화시킴으로써 돌파구를 마련할 수 있다. 당신 자신에 대한 태도와 일에 대한 태도로서 검토해 볼 수 있다. 일하는 삶이 지겨운 것이 아니라 즐거워지는 데에는 당신이 가장 큰 동맹군이자 훼방꾼이다.

중요하지만 대단히 은밀한 일의 규칙은 우리가 기술 때문에 (혹은 하나의 기술을 개발할 수 있는 잠재적 능력으로) 고용되었다는 점이다. 하지만 우리는 우리의 태도로 평가를 받는다. 불행히도 '옳다'거나 '그르다'고 할 때 그 말의 정확한 의미와 어떤 행동이 그런 평가를 가져오는지 당신에게 말해주는 사람은 극히 드물다. 따라야 할 절대적인 규칙이란 존재하지 않는다. 나는 일에 대해 내가 어떻게 느끼는지를 알고 있지만 그것이 올바른 방식이라고 당신에게 말할 수 없다. 그것은 옳고, 그르다고 말할 수 있는 주제가 아니다. 따라야 할 '올바른' 경험은 존재하지 않는다.

일에 대한 태도가 좋을수록 성공할 가능성도 높다

당신의 목표나 야망이 무엇이든 일에 대한 태도나 직업윤리가 직장에 임하는 행동 방식과 다른 사람과 관계 맺는 방식에 영향을 준다. 반대로 이것은 당신에게 적합하다고 느끼는 일을 찾고 유지할 수 있는 능력에 영향을 미칠 것이다.

일에 대한 태도가 좋을수록 당신이 성공할 가능성도 높으며, 일을 즐길 가능성도 높다. 나는 이러한 태도가 먹고살기 위해 하는 당신의 일을 사랑할 수 있는 열쇠라고 믿는다.

그런데 여기서 나는 다음의 충고를 따를 경우, 당신이 회사에서 빠르게 성장하는 철의 보증서를 줄 것이라고 말하는 것은 아니다. 당신이 올바른 일을 하고 있지만 여전히 부당한 대우를 받거나 그 자리에 어울리지 않는다고 느낄 수도 있다. 누구나 모든 사람에게서 칭찬과 사랑을 받지는 못한다. 하지만 내가 말하려는 의도는 이것이 직장 생활을 성공적으로 이끄는 기회를 놀랄 만큼 높여 줄 것이라는 점이다.

그러면 실제로 어떤 태도가 완벽하게 보이는가? 달리 말하면, 관리자들은 자신의 팀원들이 어떻게 행동하기를 바라는가? 관리자는 팀에게 어떤 활동을 기대하는가? 그리고 어떻게?

다음의 충고는 대단히 유능한 관리자들로 하여금 이상적인 고용인에게 무엇을 바라는지를 상술해달라는 조사를 기초로 작성했다. 나는 그들이 답한 요구와 기대를 성공을 위한 코드로 다듬었다.

당신은 주어진 일에 어떻게 반응하는가
⋯▶ 요구된 자질을 전달한다.
⋯▶ 시간에 맞춰 전달한다.
⋯▶ 질문과 관심의 기회가 일단 지나간 다음에 요구된 것을 한다.

··· 마감이나 납품에 영향을 주는 문제는 어떤 내용이라도 관리자에게 말한다. (발전이나 문제에 대해 그들에게 피드백을 한다.)

··· 설명을 찾는다. 하지만 거듭 되풀이해서 같은 것을 찾지는 않는다.

··· 관리자가 요구한 이상의 일을 한다. 하지만 옆길로 새지는 않는다.

··· 일에서 필요로 하는 것을 주도적으로 구한다.

··· 일에 자부심을 갖는다.

··· 과제를 성공시키는 데 초점을 맞춘다.

··· 할 수 있다면 질을 우선시한다.

··· "우리는 할 수 있어"라고 말한다. '방법'에 대해 몇 가지 아이디어를 갖고 그 '방법'이 큰 소리가 나지 않도록 한다.

··· 요구받은 일을 하고 거기에 약간의 스타일을 가미한다.

··· 소리 없이 과제를 끝까지 수행한다.

··· 불평이나 탄식을 삼가한다.

··· 반응하기 전에 과제의 범위와 제약 사항에 대해 듣는다.

어떻게 처신하고 시간을 활용할 것인가

··· 혼선을 주기보다는 완성에 도움이 되도록 행동하라.

··· 인간적인 면모와 일에 임하는 태도 사이에서 균형 감각을 유지하라.

··· 압력이 있을 때는 가만있어라—일이 끝나면 집으로 가라.

··· 문화나 계약 조건에 의해 규정된 대로 전일제로 근무하라.

··· 꾀병 부리면서 일을 방치하지 말라.

··· 계약에서 요구하는 바를 준수하라.

··· 개인적인 전화는 합리적인 시간과 빈도를 유지하라.

··· 보수를 기대하지 말고 업무 외 시간(이유가 있는 범위에서)에도 일하

라. 왜냐하면 당신이 관심 갖는 일이니까.

⋯▶ 수동적이 아니라 능동적이 돼라.

⋯▶ 시켜서 하기보다는 자발적으로 하라.

⋯▶ 업무와 미팅 시간이 되었다는 것을 보여줘라.

성격적 특성의 견지에서 무엇을 보여줄 것인가

⋯▶ 열정.

⋯▶ 신뢰.

⋯▶ 존경. (당신에게 돈과 재산을 맡길 수 있다는 신뢰를 줄 수 있다.)

⋯▶ 유연성. (더 큰 과제를 위해 공격적이거나 방어적인 자세를 취하지 않고 작업 방식이나 행동을 기꺼이 바꿀 수 있다는 것을 보여줘라.)

⋯▶ 건설적으로 비판할 수 있는 능력.

⋯▶ 책임과 의무. (비난 또는 변명거리를 찾거나 연막을 치지 말라.)

⋯▶ 건전한 회의와 유머.

⋯▶ 실수와 잘못을 용납할 수 있는 능력.

⋯▶ 명랑하고 친근하며 낙관적인 태도.

⋯▶ 우아한 분위기를 해치지 않을 정도의 유머감각.

⋯▶ 분노하지 않는 신뢰.

⋯▶ 긍정적 태도—하지만 자멸적인 낙관주의는 아니다.

⋯▶ 분별이 없거나 무자비하지 않은 정직.

⋯▶ 개성—당신은 독립적으로 생각할 수 있다.

⋯▶ 노동시간의 '합리성'에 대해 당신의 감정을 좋은 방식으로 표현할 수 있는 능력.

⋯▶ 야망. (노골적으로 드러나지 않는)

생각 혹은 정신적인 특성

···▸ 변화에 대처할 수 있도록 준비하라.

···▸ '연속적인 학습' 철학을 가져라.

···▸ 지나치게 현실의 제약을 받지 않으면서도 현실적이 돼라. (우리 역시 꿈꾸는 사람을 필요로 한다!)

···▸ 쟁점에 대해 폭넓은 관심을 가져라.

···▸ 사업이나 시장, 산업에 관심을 표하라.

···▸ 상황을 파악할 수 있거나 요구되는 기술을 신속하게 배워라.

···▸ 시간 제약을 염두에 두면서 결정을 내려라.

···▸ 당신의 일이 적합한지를 인식하고 이해하라.

···▸ 다른 사람들의 일이 과제에 영향을 미치는 지점을 인식하고 이해하라.

···▸ 기꺼이 현 상태를 문제 삼아라. 고용주들은 일을 잘할 수 있다고 생각하는 사람들을 원한다.

···▸ 어린이 같은 호기심을 가져라.

···▸ '전문가' 보다는 '의욕적인 사람'이 돼라.

···▸ 늘 답변이 있을 거라고 기대하지 말라. (문제를 논의할 수 있도록 준비하라.)

함께 일하고 싶은 사람들과 상호 작용하는 방법

···▸ 공격적이지 않으면서 공개적이고 정직하게 다른 의견을 표하라.

···▸ 예의와 좋은 태도.

···▸ 사무실 정치와 복도의 풍문에 신경 쓰지 말라.

···▸ 분명하고 개방적인 태도로 의사소통을 하라. ('아는 것이 힘이다'는

식의 행동은 금물.)

··· 협력적 행위. (갈등을 일으키지 말라.)

··· 일에 영향을 받는 모든 사람들을 고려하라.

··· 동료의 복지에 대해 성실하게 관심을 가져라. (주제 넘게 행동하지는
말라)

··· 잘 경청하라.

··· 행동할 때, 특히 소비자와 고객을 접할 때 매력과 평정을 유지하라.

··· 제안을 하라.

··· 신뢰를 주고 실수를 용납하라.

··· 사람들을 있는 그대로 받아들여라.

··· 청결을 유지하라. (적어도 다른 사람들을 고려해 자주 씻어라.)

··· 다른 사람에게 자문이나 의견, 충고 혹은 도움을 구하라.

··· 차례가 됐을 때 차나 음료를 준비하거나 사라. 요구가 있을 때 리더
십을 발휘하라.

누구에게도 이 모든 것을, 모든 시간에 하도록 기대할 수는 없다. 누구
에게도 완벽을 기대할 수는 없다. (그런 일은 오히려 이상하다!) 하지만 이
러한 반응을 통해 당신은 관리자의 관점에서 볼 때 긍정적이거나 건강한
일을 가리키는 행동 유형을 알 수가 있다.

내가 조사한 관리자들 가운데 누구도 복종과 헌신, 회사 바깥 생활의
방치, 소진될 때까지 일하기, 침묵, 질문을 받을 때만 말하기, 휴일을 잘
보내는 것을 걱정하기, 모든 일에서의 전문 기술, 높은 지능 혹은 언제나
광적으로 행복하기를 언급하지 않았다.

나는 열정이라는 말을 한 차례 (성격적 특성 부문에서) 거론했을 뿐이지

만, 그 말은 여러 차례 등장한다. 열정이란 아드레날린에 눈이 휘둥그레지는 것을 뜻하지 않는다. 열정이란 하루 종일 들을 때마다 싱글거리는 것을 의미하지 않는다. 그것은 유머와 낙관적 태도, 관심을 지닌 '쾌활함'을 의미한다.

열정을 건강한 작업 태도와 떼어내서 생각하기란 어렵다. 과제를 잘 수행하기 때문에 우리는 과제를 즐기는가, 아니면 과제를 즐기고 열정을 갖고 있기 때문에 잘하는가? 답변이 어떻든, 과제를 잘 수행하는 사람에게 보상이 주어질 가능성이 높다.

> "나쁜 고용주들은 당신이 특정한 과제를 즐기는지에 관심 갖지 않는다. 그들은 오직 당신이 과제를 수행하는 방법을 알고 있는지에 대해서만 궁금해한다. 하지만 좋은 고용주들은 상당히 관심을 가질 것이다. 그들은 미래의 고용인이 자신의 일에 열정을 갖지 않는다면 힘들어할 것이라는 점을 알고 있다."
> _리처드 넬슨 볼(『당신의 낙하산은 무슨 색인가?』)

당신의 태도가 당신 행동에 영향을 미치려고 한다. 다른 사람들의 반응은 모름지기 당신의 행동에서 비롯된다. 사람들은 당신의 말과 행동을 관찰함으로써 당신의 태도에 대해 가정할 것이다.

다른 사람들의 행복과 안전은 우리의 태도에 의해 영향받을 수 있다. 우리가 저주를 하지 않거나 싫증 날 정도로 밀어붙일 때, 우리는 다른 사람들에게 영향을 미친다.

다른 사람들에게 영향을 미치는 것은 당신의 태도뿐이 아니다. 당신이 평가받고 성공할 기회를 놓쳐버리는 모든 범위의 행동과 습관, 버릇도 있다.

당신에게 말하려고 하지 않는 피드백을 고려하라

당신은 이 말의 의미가 무엇이냐고 의아해할 수 있다. 당신이 이 말을 듣지 않는다면 피드백을 어떻게 고려할 것인가? 당신은 승진에서 자주 탈락했는가? 당신은 자신의 분야에서 매우 유능해 보이지만, 당신보다 늦게 합류한 사람들이 더 나은 자리로 옮겨가지는 않았는가? 당신은 왜 뒷전에 남게 되었는가? 뒷전에 남는 것을 스스로 선택하지 않았다면, 당신은 자신이 알지 못하는 이유로 승진이 불가능하다고 생각할 수도 있다.

습관과 예방 조치

뇌물 꾸러미가 당신의 책상에 놓인 적이 있는가? 사람들이 가까이 하는 것을 피하기 위해 변명거리를 만들지 않는가? 형편없는 식사 매너, 어울리지 않는 멋진 의상, 거친 호흡, 비듬과 통증이 이어지고 있다면, 바디 향이 피드백 목록의 맨 윗자리에 놓이게 된다.

당신을 승진시키려는 사람들도 코를 만지작거리고, 후비고, 쥐어뜯는 행위 등의 불쾌감을 주는 습관에 대해 이야기하기를 꺼린다.

당신은 내가 농담을 하고 있다고 여길지 모르지만 나는 이러한 대화를 많은 관리자들과 나눠보았다. 그들은 감정 상하는 것 이상으로 무엇을 말해야 하는지 모르는 데 있다. 그들이 승진시키는 데 중요하게 생각하는 것은 소비자들과 고객들의 반응과 관계 있다.

미세한 규칙들

당신은 알코올이나 약물 사용에서 허용되는 무엇인지, 당신의 통제력이 신뢰받을 수 있는지를 신경 써야 한다. 당신은 위험천만하고 치기 어린 농담에서 혹은 뉴스거리를 보며 흥분해서 떠드는 '웃기는 이야기들'에서 사무실의 영웅이 될 수도 있다. 하지만 그것이 다른 사람들의 능력 계발에 주목하는 관리자들에게 인상을 심어줄 것 같지는 않다. 알코올과 약물에 대해 고용주들은 관용의 한계선을 점점 낮추고 있다. 알코올로 인해 '규칙'을 잘못 이해할 수 있다는 온갖 이야기들이 난무하고 있다.

상식적으로 술을 마실 때는 와인을 곁들인 점심식사인지, 회사 야유회인지를 기억하라. 사생활과 관련된 사진을 인사과에서 발견하고 상사에게 그녀의 아이들이 원숭이처럼 보인다고 말한 것에 대해 변명을 늘어놓는 것에서 보듯, 술은 여전히 당신을 엉망으로 만드는 원인이 될 것이다.

해서는 안 될 일

투덜거리면서도 맞서 싸우지 않는 일련의 문제들에는 당신의 인사 고과 점수를 떨어뜨리는 다음과 같은 습관이 있다.

···▶ 기회 있을 때마다 군중을 따라가기.
···▶ 매일같이 시계 바라보기.

···▶ 가십을 부풀리기.

···▶ 터무니없이 무분별하고 어떤 것도 신뢰할 수 없도록 만들기.

···▶ 비용을 쓸데없이 낭비하거나 끊임없이 조금씩 늘리기.

···▶ 기회 있을 때마다 남의 일을 낚아채기—하지만 도둑질에는 미치지
    못한다.

···▶ 호전적 우승.

호전적인 고용인들은 매번 무언가를 요청받을 때마다 '아니요', '내
가 해야 하나', '왜 내가', '내가 하겠소' 따위의 표현을 남발함으로써 공
동 작업자나 관리자들을 화나게 만든다.

이런 일들로 인해 당신이 해고당할 것 같지는 않다. 당신에게 경고를
할 가능성도 거의 없다. 하지만 그것들은 당신을 책임 있는 지위로부터
끌어내리는 데 타당한 근거가 될 것이다. 문제를 다시 되풀이해보면, 당
신이 서둘러 어딘가로 가지 않는 이유를 누구도 당신에게 말해줄 가능성
이 거의 없다는 것이다.

정직하게 일하면서 승진하는 법

나의 전 동료인 팀은 미리 손을 쓰기로 결정하고 (결코 나쁜 일이 아니다) 관리자에게 사적인 대담을 요청했다. 팀은 예의를 갖추고 급여가 개선되지 않는다면 다른 곳을 알아봐야겠다고 말하면서 승진에 대해 협상하기 시작했다. 관리자는 미소를 지으면서 친절하게 "좋다"라고 말했다. 이것이 그들이 나눈 대화의 전부다.

팀은 외견상 건강한 자아를 지닌 매우 뛰어난 사람이다. 주어진 시간에 일을 했으며 사람들과도 보조를 잘 맞추었다. 받은 만큼 일하며 요청받은 결과를 만들어냈다. 회사에 문제를 일으키지도 않았다. 관리자 역시 매우 능숙한 사람이다. 그는 영리한 사람이며, 맡은 사업 부문에 초점을 맞춰 일을 효과적으로 수행하고 있다.

팀은 여전히 같은 직장에 다닌다. 하지만 그는 현재 대단히 불행한 상태다. 관리자가 자신의 진퇴 여부에 대해 특별히 관심을 갖고 있지 않다고 생각한다. 그는 자신이 승진하지 못하는 이유를 진정 모르고 있다.

하지만 피드백에 관해 묻지 않았다. 팀은 자신이 '진퇴양난'에 빠져 있다고 생각한다. 좀 더 열심히 노력해야 한다고 생각하지만, 더 많은 시간을 일해야 하는지 혹은 전보다 더 땀을 흘려야 하는지의 여부도 모르고 있다.

그러나 이는 좀 더 열심히 노력한다고 해결될 문제가 아니다. 더욱이 찾고 있는 보상을 일이 가져다준다 할지라도 결코 자신이 일을 사랑할 것 같지는 않다. 원하는 문제를 협상하기 위해 더욱 많은 힘을 갖출 필요가 있다. 가치 있는 사람이 되어야만 할 것이다.

불행히도 팀은 결코 뛰어난 인물로 인정받지 못했다. 그는 쓸모 있는 사람이지만 현재의 시장에서 다른 사람으로 대체될 가능성도 높다. 관리자는 팀이 나가기를 원하는 것이 아니라, 그가 머물도록 하기 위해 어떤 조치도 하려 하지 않는 것이다.

높은 평가를 받는 방법

당신이 이미 '불가능한 꿈'을 흥얼거리고 있다면, 두려워하지 말라! 다음의 열 가지 방법은 타고난 것이 아니다. 누구나 학습을 할 수 있고, 모두 또는 몇 가지 분야에서 개선할 수 있다. 이 일을 계속 유지하라. 당신이 무엇을 찾든 관리자들은 당신을 데리고 있을 가능성이—승진이나 이동, 계속적인 교육 지원, 더욱 흥미로운 일, 유연한 시간, 급여 인상, 촌지 등을 가지고—훨씬 높다. 만일 당신이 평안히 백일몽을 꾸고자 한다면, 그들은 심지어 그 일을 할 수 있도록 자리를 비워놓을지도 모른다. 다시 말해서 이러한 자질들을 계발한다면, 당신은 고용주들과의 어떠한 협상에서든 강력한 협상 위치에 있을 가능성이 훨씬 높다.

하지만 나는 당신이 이 유익한 일들을 전혀 하지 않으면서 조직에서 성공한 사람을 만날 수도 있다는 것을 알려주어야 한다. 인생이 늘 공정한 것은 아니다.

이 방법을 따르는 일이 직업의 안정을 보장해주는 것은 아니다. 이 모든 일을 전문가 수준으로 하면서도 직장을 갖지 못할 수도 있다. 하지만 그럴 가능성은 대단히 낮다. 설령 그런 일이 일어난다 하더라도, 실직 상태가 오래가지는 않을 것이다.

방법 1_ 시간을 중시하라

다른 사람의 시간뿐 아니라 당신 자신의 시간도 중시하라. 시간을 낭비한다는 것은 인생을 낭비하는 것이다.

시간은 당신을 거역하지 않는다. 시간만큼 공정한 것도 없다. 모든 개개인에게는 하루에 24시간이 주어져 있다. 시간을 사용하고 행동을 관리하는 방식이 우리의 차이를 만든다.

'시간 관리'와 같은 것은 존재하지 않는다. 시간은 관리되거나 통제될 수 없다. 당신이 무슨 일을 하든 상관없이 시간은 흘러간다. 시간은 문제가 아니며, 기계 장치가 대답이 될 수 없다. 자각과 뚜렷한 목적의식이 다른 어떠한 일기나 정보 관리자, 이메일, 음성 메일, 음성방지시스템보다 훨씬 중요하다.

어떻게 뚜렷한 목적의식을 가질 수 있는가? 다음과 같은 문제를 숙지하라. "내가 이 직장에서 성공하기 위해 해야 할 중요한 일은 무엇인가?" 당신이 무엇을 해야 할지 모른다면, 다른 사람이 하려 할 것이다. 어디에서 시작해야 할지를 모른다면, 책임자 또는 상사나 가치 있는 고객에게 물어라. (누구도 열쇠를 가지고 있지 않다면 내버려둬라. 그 일은 어디서도 이루어지지 않는다.)

당신이 답변을 알고 있을 때는 그것을 하나의 나침반으로 사용하라. 당신은 지금 나아갈 방향을 알고 있다. 물론 어려움에 봉착할 수도 있다. 그러나 그로부터 빠져나올 수 있는 수단도 가지고 있다. 곧이곧대로 성공이나 핵심적인 결과에 도달할 필요는 없을 것이다. 인생이란 그와 같은 것이 아니다. 그러므로 당신의 에너지 대부분은 답변과 직접적인 연관을 갖는 일에 쏟아야 한다. 당신에게 다가오는 수많은 요구와 과제는 전혀 연결되지 않을 수도 있다. 우선순위를 매기고 선택하는 법을 배워라. 모든 것이 중요하지는 않다. 모든 것이 긴박한 것도 아니다.

시간 낭비를 허용하는 사람은 드물다. 전형적으로, 사람들은 시간 낭비가 명백해서 창밖을 바라보거나 서류 집게를 세는 일과 닮았다고 상상한다. 그러나 사람들은 중요하지 않은 것들에 에너지를 허비한다. 시간을 낭비하는 사람들은 대단히 활동적인 것처럼 보이며 하루 종일 자신을 소진시킨다. 자신들이 비효율적이라는 생각 자체에 분개한다. "내가 시간을 낭비한다고? 너도 알다시피 매우 열심히 일하고 있잖아!"

날카로운 방향 감각을 적당 양의 유연성과 결합시켜라. 당신은 무엇을 하려고 하는가? 중단을 거부하고 동료에게 "생일 축하합니다"를 불러줘라. 그런 일도 당신의 우선순위의 하나가 아닌가? '시간에 대해서 잔인해지고 사람에 대해서는 친절' 해지는 법을 배워라.

계획하고 생각하는 일에 소요된 시간을 중시하는 법을 배워라. 계획 없이 집을 지을 수 있겠는가? 계획을 세울 수 없거나 그 가치를 이해하지 못할 경우 당신이 소중한 고용인이 될 것이라고 생각하는가?

열심히 일하는 것이 언제나 능사는 아니다. 그것이 반드시 소중하게 평가되는 것은 아니다. 수많은 시간을 시간표 작성하는 일로 채우는 것이 반드시 당신이 존중받는 위치에 있음을 의미하지는 않는다.

방법 2_ 에너지를 중시하라

이것은 시간 사용과 긴밀하게 연관되어 있고, 거론할 가치가 충분하다. 자신의 정신적 · 육체적인 에너지가 목적 지향적으로 사용되거나 낭비될 수 있는 하나의 자원으로 간주하는 법을 배워라. 지옥에 이르는 길은 잘 닦여 있다. 비참하고 지겹고 고통스럽게 일하는 길도 마찬가지다.

열심히 일하고, 때가 되면 드러나고, 들은 대로 일을 하는 것은 훌륭하다. 하지만 그런 태도만으로는 당신을 대단히 소중한 고용인으로 만들기에 충분하지 않다.

과제의 중대성에 대해 질문하지 않고 바쁘게 보이는 것은 현명하지 못하다. 일(business)이란 '바쁨(busyness)'에 달려 있지 않다. 현명한 고용주들은 행동과 결과를 혼동하지 않는다. 그것들의 우선순위는 결과이며, 결과의 질이다.

현명한 고용주들은 유능한 사람을 원한다. 효율적이고 올바르게 일을 한다는 것은 멋있다. 하지만 유능한 사람이 되고 일을 올바르게 하는 것이 더욱 중요하다. 유능함이 결여된 효율성은 당신을 에너지를 낭비하는 사람으로 만들 수 있다. 현명한 고용주들은 영리한 지름길을, 즉 결과를 포기하지 않거나 장기적으로 문제를 불러일으키지 않고 시간과 에너지를 절약하는 방법을 찾는 사람을 좋아한다.

현명한 고용주들은 유능한 사람을 원한다

다른 사람의 에너지를 존중하라. 다른 사람들에게 '중요해 보이지 않는' 일을 강요하는 것은 해결이 아니다. (해결을 위해 늦은 시간까지 일한다는 소문을 당신이 좋아한다면 큰일이다. 이 소문 때문에 다른 사람이 당신에게 합류하지는 않는다. 그들은 아마도 해야 할 일이 많을 것이다).

모든 사람들은 재충전을 필요로 한다. 모든 사람들은 일에서 떠난 삶을 필요로 한다. 피곤이 극에 달한 경우 아무 데서나 일을 할 수는 없다. 하지만 어느 정도의 압력이나 압박은 필요하다. 압박이 지나치게 적을 경우 둔감해지거나 싫증을 느낄 수도 있다. 또한 압박이 지나치게 많을 경우 긴장으로 부러질 수도 있다.

"매 순간 어디론가 떠나 휴식을 취하라. 일터로 돌아왔을 때, 당신의 판단은 좀 더 확실해질 것이다. 끊임없이 일에 파묻혀 있는 것은 판단력을 잃을 원인이 될 수 있기 때문이다." _ 레오나르도 다빈치

쉽게 배우기 어려운 교훈이지만, 당신 자신과 다른 사람의 건강을 존중하는 하나의 방법으로 에너지를 중시하라. 일이 당신을 병들게 한다면 일을 사랑하기 힘들 것이다.

방법 3_ 다른 사람들을 존경하라

누구도 존경을 성공적으로 요구할 수는 없다. 그것은 권리가 아니다. 직함을 가지고 있다고 해서 존경이 저절로 생기지 않는다. 존경은 획득되어야 한다. 대개는 부족하기 때문에 획득되는 것이다. 존경은 누군가의 탁월함에 대한 자동적인 믿음이 아니다. 존경은 관심을 표하는 것이다.

존경을 얻기 위해서는 당신이 말하기 전에 먼저 생각을 한다고 다른 사람들이 믿어야 한다. 당신이 안정되어 있고, 스스로의 행동에 대해 통제한다고 그들이 믿어야 한다. 듣고, 조용히 앉아 있고, 냉철한 머리를 유지하는 사람은 커다란 존경을 얻는 사람이다. 예측하기 어려운 행동은 대개 '비전문적'이라는 낙인이 붙게 만든다.

화를 내고 싶다면, 적당한 기회를 위해 유보해두라. 화를 내야 한다면, 사람이나 집단보다는 중요한 쟁점에 대해 하라. 이러한 행위는 드물게 하라. 사람들은 이 쟁점이 당신에게 중요하다고 믿을 것이다. 화를 누그러뜨려라. 그러면 당신은 사무실의 주연이 될 것이다. 버럭 화를 자주 내는 사람은 점점 둔감해지는 다른 사람들의 반응으로 인해 더 큰 소리를 내고

분별없이 행동하고 흥분하지 않을 수 없게 된다.

　사람들을 알아보고 즐겁게 만드는 데 드는 시간이 오래 걸리지 않도록 힘써라. 사람들은 누구든지 기본적인 예의와 고려를 받을 가치가 있다. 다른 사람들도 욕구와 희망, 꿈과 삶, 자신의 정체성을 확인하는 권리를 갖고 있다.

　현명한 사람은 다른 사람의 공헌에 대해 우러나오는 존경을 표한다. 온갖 종류의 기술들이 필요하다. 온갖 방식의 공헌이 성공에 이르게 한다. 당신 자신의 강점과 단점을 인식하라. 다른 사람들의 강점으로부터 당신이 이익을 얻을 수 있다는 것을 인식하라.

> "다른 사람의 짐을 덜어주는 일에서 쓸모없는 사람은 이 세상에 없다."
>
> _찰스 디킨스

　당신은 매우 재치 있을지 모른다. 하지만 그것만으로는 충분하지 않다. 당신은 좋은 연줄을 가지고 있다고 느낄지 모르지만 그것이 진정한 존경을 가져다주지는 않는다. 존경하는 일이야말로 그것을 다시금 되돌려오는 유일한 방식이다.

방법 4_ 생각하고 선택하라

> "많은 사람들은 자신들이 단지 편견을 재정리할 뿐일 때조차 생각하고 있다고 생각한다."
>
> —윌리엄 제임스

　질문하고 생각할 수 있는 능력은 운 좋은 소수의 사람들만의 타고난 선물이 아니다. 누구든지 생각하는 기술을 계발할 수 있다. 당신이 생각하는 기술을 얻기 위해 애쓴다면, 학습을 도와줄 수 있는 지침서나 기법들이 주변에 많이 존재할 것이다. 하지만 이 모든 것은 당신의 개방적인 학습 태도에 달려 있다.

어떤 사람들은 생각하는 일이 바빠 보이지 않는 것을 두려워하기 때문에 생각에 시간을 허비하기를 꺼려한다. 생각은 통상 경청과 집중, 혼자만의 시간을 요구한다. 당신이 바쁘게 보이기만을 원하고 자신의 목소리만을 듣고자 한다면 이 일을 할 수 없다.

뛰어들어 행동하고, 일을 하거나 문제를 해결하려는 욕구는 매우 강하다. 하지만 "내가 이 일을 어떻게 할 것인가"라는 질문은 "내가 무엇을 할 것인가?"라는 질문만큼이나 타당하다. 당신이 선택할 수 있음을 깨닫고 생각을 위한 모든 자극과 반응 사이의 순간을 활용하라.

소중한 고용인을 찾는 비즈니스는 실제로 남의 말만 따르는 사람에게는 관심을 갖지 않는다. 그들은 더 많은 예스맨을 필요로 하지 않는다. 그들은 똑같은 사람을 많이 필요로 하지 않는다.

비즈니스는 생각하는 사람들, 창조자들, 혁신가들, 문제 해결사들, 의사 결정자들, 그리고 책임지려는 사람들을 필요로 한다. 비즈니스는 현명한 질문을 하고, 문제에 기꺼이 몰입하려는 사람들을 필요로 한다.

기술이 아무리 발전한다 할지라도 우리가 사는 동안에 기계가 기민한 두뇌를 대체할 것 같지는 않다.

> "하나의 기계는 50명의 평범한 사람들의 일을 할 수 있다. 하지만 어떤 기계도 탁월한 한 사람의 일을 할 수는 없다."
> _ 허버드

방법 5_ 용감하라

용기는 두려움을 모르는 것을 의미하지 않는다. 어리석은 사람만이 두려움이 없다. 두려움은 우리를 살아 있게 해준다. 용기는 두려움을 극복하는 행동이다.

직장에서는 안일과 나태가 비겁보다 용기의 더 큰 적이다. 때때로 좋은 것이 좋은 것이다. 고객이 항상 최상의 질을 찾는 것은 아니다. 누군가가 당신을 위해 당신의 삶을 해결해주기를 기대하기 때문에 일을 서툴게 한다든지, 기껏 낮은 성적을 내거나 불평하는 것으로는 충분하지가 않다.

> "우리는 정당한 행동을 함으로써 정당해지며, 절제된 행동을 함으로써 절제되고, 용감한 행동을 함으로써 용감해진다."
> _아리스토텔레스

대중과 거리를 유지하고 그들의 조롱과 분노를 들을 수 있을 만큼 용감해져라. 성장을 하려면 정직한 피드백을 찾을 수 있을 만큼 용감해져라. 쟁점이나 문제에 부딪혔을 경우 해결이 될 때까지 그것을 지켜보라. 계산된 위험을 받아들일 만큼 용감해져라.

우리는 다른 사람들을 격려함으로써 용기를 가질 수 있다. 주변의 사람들과 경쟁하거나 억누르려는 불안한 욕망으로부터 비켜설 때 그만큼 용감해진다.

우리는 책임을 떠맡음으로써 용기를 가질 수 있다. 비즈니스 세계에서는 "이것이 내가 의미하는 바다. 여기에 내가 약속한 것이 있으며, 나는 그것을 잘 파악하고 있다. 문제가 있다면 내가 해결하겠다"고 말하는 사람은 지독히 적다. 병든 조직에서 이러한 행동은 대단히 드물다. 생존과 성장을 추구하는 고용주들은 그러한 행동을 모색하고 또 보상할 것이다.

성공은 위험, 고난과 좌절, 노력과 용기를 필요로 한다. 성공은 아무런 보장이 없는 상태에서 추구되며 용감한 사람들은 이것을 알고 있다.

방법 6_ 끈기와 포기 사이의 선을 판단하라

"세상의 어떤 것도 끈기를 대신할 수 없다. 재능이 이를 대신하지 못한다. 재능을 가졌으면서도 실패한 사람은 흔하다. 천재성이 이를 대신하지 못한다. 보상받지 못한 천재는 속담만큼이나 흔하다. 교육만으로도 대신하지 못한다. 세상에는 교육받은 낙오자들로 가득 차 있다. 끈기와 결단만이 전능하다." _ 캘빈 쿨리지

끈기라는 자질은 용기와 에너지와 서로 얽혀 있다. 나는 대단히 영리한 사람들이 반드시 성공하지 않는 현실을 주목하지 않을 수 없다. 믿을 수 없을 만큼 탁월한 사람이 늘 인생사에 잘 대처하는 것은 아니다. 여전히 학벌 위주의 자격증이 관심을 끌며 종종 경력에서 유리한 출발로 작용하지만, 반드시 그런 것은 아니다. 사람들을 끊임없이 구분하는 특성은 승자나 '스타' 를 만드는 방식이 무엇이건 지속할 수 있는 능력이다. 단순화해보자. 그것은 뒤로 물러나서 다시 시도할 수 있는 능력이다.

끈기가 없다면 침체되고 부진한 시기, 권태, 비판, 거절, 거부, 그리고 시시각각 우리의 진로를 방해하는 온갖 장애들을 극복하기 어렵다. 끈기가 없다면 우리는 완성자나 성취자가 될 수 없다.

어린아이들은 부끄럼 없이 지속할 수 있다. 그들은 끈기가 우리를 굴복시킬 수 있으리라는 것을 잘 알고서 같은 요구를 수십 차례 할 수 있다. 그들은 큰 소리로 "안 돼" 라는 말을 듣고서도 당황하지 않는다. 아이들은 첫 번째 거절에 도망가는 법이 없다. 어른들은 다른 사람의 "안 돼" 라는

말을 존중하는 법을 배우지만 (혹은 적어도 그렇게 해야 하는데) 이러한 학습은 지나칠 정도로 쉽게 포기하는 습관을 만들 수 있다.

때때로 '어린이' 같다고 비난받곤 하는, 지극히 창조적인 유형의 사람도 우리에게 가르쳐줄 수 있는 것이 있다.

비틀스는 반복되는 음으로 인해 한 음반 회사로부터 거절을 당했다. "우리는 그런 음을 좋아하지 않아. 기타 음악은 한물갔어." 엘비스 프레슬리는 한 공연이 끝나고 난 뒤 충고를 듣고 해고되었다. "자네는 어디에도 갈 수 없네. 기껏해야 트럭 운전수나 어울리겠군." 어떤 '연기자 발굴자'는 프레드 애스테어에 대해 "연기도 못하고, 노래도 못하는군. 조금 단조롭지만 춤은 출 수 있을까"라고 말했다.

이런 거절에도 당신의 재능과 꿈을 추구하는 것과 필요할 때 방향을 전환하는 것 사이에 작동하는 하나의 경계선이 존재한다. 일이나 비즈니스의 목표를 추구하는 것은 엄밀히 말해 창조적이고 창의적인 재능의 뒷전에서 고집 부리는 것과 같지 않다. 일을 할 때, 우리는 다른 사람의 돈과 그들이 우리와 함께 떠안고자 하는 위험을 고려해야 한다. 우리는 아마도 우리의 모험으로 영향을 받는 고객들이나 다른 고용인들을 고려해야 할 것이다.

경계선이 어디에 있는지는 아무도 말해줄 수 없지만, 상식적인 모든 판단을 넘어서 성공을 거둔 예는 존재한다. 일에서 경계선을 긋는다는 것은 사물들을 신중하게 보고 들을 수 있는 당신의 능력에 달려 있다. 인정하지 않으려는 다른 사람의 불평이나 어떤 위험도 떠맡지 않으려는 소심한 반응이, 당신이 크게 성공했다는 확실한 신호가 될지도 모른다.

기꺼이 '예'라고 말하라. 우리는 그것을 할 수 있다. 그것은 이루어질 수 있다. 되돌아가서 다시 시도해보자. 하지만 또한 '아니요'라는 말도

배우자. 이것은 틀려. 이것은 이루어지지 않고 있어. 이것은 이루어질 수 없어. 방향을 바꿔보자. 내가 실수했어. 다시 생각해보자.

방법 7_ 자각 능력의 계발을 지속하라

> "사람들은 시시각각으로 진실에 걸려 넘어진다. 하지만 대부분의 사람들은 아무것 도 일어나지 않은 양 몸을 추슬러 하던 일을 서두른다."   _ 처칠

부족한 행동에 대한 피드백이 있을 경우, 우리는 피드백을 해준 사람을 공격하고 자신의 선한 의도를 설명하거나 어떤 식으로든 자신을 정당화한다.

피드백을 찾아라. 혹시 그 내용이 개인적인 판단에 의해 걸러지고 뒤틀려졌을지라도 대담하게 받아들이고 행동을 취하라. 진정으로 개선할 목적을 가지고 일할 필요가 있는 것들을 실행하라. 개방적이고 정직한 태도에 대해 존중하는 곳에서는 건설적인 피드백이 쉽게 넘쳐난다.

솜씨 좋은 사람들은 종종 '타고나' 거나 위협적인 것으로 보이는 기준들을 견지한다. 그들이 어떻게 그 기준을 얻게 되었는지 물어봐라. 그들은 자신들의 '능력' 이 학습을 통해 계발된 것이라고 말할지도 모른다.

당신 역시 자신이 잘하고 있는 것들이나 사람들이 당신에 대해 호의적으로 생각하는 것들에 대해 들을 필요가 있다. 그럼으로써 얻을 수 있는 기쁨 때문이 아니라, 당신의 좋은 점을 그만두어서는 안 되기 때문이다. 어떤 사람들은 좋지 않은 이야기를 듣기 두려워하는 반면, 어떤 사람들은 개인적으로 좋은 것을 발견하는 데 두려움을 갖는다.

피드백이 없다면, 설령 당신이 가치 있다 할지라도 어떻게 알겠는가? 결과를 달성하고 있는지를 어떻게 알겠는가? 어디에서 어떻게 개선할 수 있는지를 어떻게 알겠는가? 문제가 위기로 발전하기 전에 당신이 그것을 들을 수 있겠는가?

'좋아하는' 부류들하고만 사소한 일에 집착하는 태도는 한계가 있다. 밖으로 나가 사람들과 이야기를 나눠라. 스승과 후견인, 건설적인 비판과 다양한 의견 및 아이디어들을 찾아라.

방법 8_ 변화를 좀 더 편하게 받아들여라

> "제임스 와트가 증기기관을 발명했을 때, 석탄 수레를 끌던 수많은 열 살배기 아이들은 일터에서 쫓겨났다. 하지만 이로 인해 그들은 열한 살의 삶을 사는 것처럼 다른 일들을 자유롭게 할 수 있게 되었다."
> _루크

사람들은 늘 변화가 가져다줄 수 있는 기회와 개선을 보지 못한 채 그것을 두려워하고 저항할 수 있다.

변화는 직장을 빼앗을 수 있지만, 이러한 일은 종종 대단히 서서히 진행되며 또한 대체로 예측이 가능하다. 변화가 일을 박탈하는 곳에서, 종종 동일한 기술이 새로운 기회를 만들어내기도 한다. 한 지점에서 일이 폐쇄될 때, 그것은 변함없이 다른 지점으로 이동해간다. 사람들이 변화에 대해 과민반응을 일으키는 것은 자연스러운 일이다. 우리는 일관성을 좋아한다. 우리는 낯선 것을 두려워한다. 우리는 습관을 좋아하지만, 그것들을 계속 유지할 수는 없다.

변화하지 않는 직장은 스스로 파멸에 이른다. 그러므로 변화에 익숙해져야 한다. 하지만 직장의 모든 변화가 좋거나 이득이 되는 것은 아니다. 변화가 일어났다거나 일어날 것임을 받아들이는 태도는 현명한 일이다. 받아들인다는 것과 따른다는 것은 다른 의미다. 변화를 수용한다는 말은 '변화에 대처한다' 는 것을 의미한다. 받아들이는 끝지점에서 당신은 결정할 것이다.

당신은 마음대로 말할 수 있다. "나는 변화가 일어났다는 것을 받아들이지만 그것이 나에게 해당되지는 않는다."

당신은 선택한다. 말을 하거나 침묵할 것이다. 멈춰서거나 움직일 수 있다. 변화가 역전되거나 그대로 지나가버리기를 기대하는 것은 '부인'이라고 일컬어진다. 변화를 폄하하거나 그것이 성공할 기회가 없다고 확언하는 것은 '태업' 이라고 일컬어진다. 부인과 태업은 당신 자신이나 일에 대해 좋은 감정을 주지 못한다.

물음을 제기하고 정보를 얻으며 변화가 무엇을 의미하는지 아는 것은 '탐구' 라 일컬어지는데, 그것은 문제의 실마리를 찾는 가장 빠른 길이다.

> "한쪽 문이 닫혀 있을 때는, 다른 한쪽 문이 열려 있다. 하지만 슬프게도 우리는 종종 너무 오랫동안 닫힌 문만을 보기 때문에 열려 있는 문을 보지 못하고 있다."
> _ 알렉산더 그레이엄 벨

몸값을 하는 고용인들은 자신의 행동에서 변화를 시도할 필요가 있다는 생각에 쉽게 적응한다. 자신의 습관이나 불행을 불러올 수 있는 경직된 믿음을 주저하지 말고 직시하라.

방법 9_ 기꺼이 하고, 할 수 있도록 하라

하지만 적어도 기꺼이 하고, 할 수 있도록 하라! 누구도 절대 필요한 사람이 될 수는 없다. 하지만 어떤 고용인에게는 쉽게 해고한다는 이야기를 할 수 있다.

영리한 비즈니스는 쓸모 있는 사람을 잃는 것을 싫어하지만 삭정이를 잘라내는 일로 마음 쓰지 않는다. 무엇이 삭정이인가? 그것은 겁나는 용어이지만, 인원 삭감을 해본 적이 있는 관리자에게는 익숙한 말이다.

삭정이란 직장과 더불어 성장하고 발전하기를 멈춘 고용인을 가리킨다. 그들의 기여는 주변적이다. 그들은 미래의 생존과 성장에 필요한 존재로 간주되지 않는다. 사실 삭정이를 제거하는 작업은 사업의 생존과 성장에 도움이 되는 좋은 일로 간주된다.

사업은 '큰 그림을 그리는 전략가'에서부터 정확하고 세부적인 '전문가'와 신뢰할 만한 '일을 하는' 유형까지 다양한 사람을 필요로 한다. 좋은 시절이든 나쁜 시절이든, 영리한 비즈니스는 다음의 질문들을 강조할 것이다. "우리가 하는 일이 무엇인가?", "우리가 모색한 결과는 무엇인가?" 그러면 결과를 통해 그 질문을 채우는 고용인들에게 초점이 모아질 것이다.

'삭정이'들이 퇴사를 요구받을 때는 충성스런 사람을 잃는 것에 대한 저항이 있다. 하지만 충성을 장기근속과 혼동하지 말라. 이 두 가지는 연결될 수도 있고, 안 될 수도 있다. 대체하기가 극히 어려운 사람, 일에 투입된 사람, 다른 재능 있는 직원을 끌어당기는 사람, 영감을 불어넣고 다른 사람들에게서 최상의 것을 얻어낼 수 있는 사람, 생각하고 선택하고 끊임없이 결정하는 사람, 이런 사람들이 비즈니스에서의 '동량재東梁材'이다. 그들을 잃을 때 비즈니스는 타격을 받는다. 삭정이를 잃는 것은 나

뻔 일이 아니다.

방법 10_ 유머 감각과 시야를 유지하라

> "일이란 장난감을 갖고 노는 것보다 더 재미있는 놀이다."   _ 노엘 카워드

그러나 때로는 스스로 웃는 법을 상기할 필요가 있다. 일하면서 행복의 '비법'을 실어 나르는 특별한 과제나 일련의 작업 조건은 존재하지 않는다. 일 자체, 부과된 규율, 다른 사람들의 회사, 그리고 우리가 고용되어 있으면서 공헌하고 있다는 인식에서 가질 수 있는 커다란 재미가 있다. (그것을 의심한다면 실직을 생각해보라). 모든 종류의 일에는 학습하고 재미를 느끼고 성취감을 얻을 수 있는 기회가 존재한다.

믿음의 힘_성공과 실패는 자신의 내부에 있다

4

"성공과 실패는 거리에 넘치는 사람들의 와자지껄한 소리나 군중의 고함과 갈채 속에 있는 것이 아니라 우리 자신 속에 있다."

_ 헨리 워즈워스 롱펠로

자기 이미지와 신뢰 수준, 열망과 낙관주의 사이에는 강한 고리가 존재한다. 그것은 놀랄 일이 아니다. 스스로 긍정적인 자질을 많이 가지고 있고, 자신의 일을 충분히 숙지하며, 스스로를 위해 하는 일이 많다고 믿을수록 당신은 더욱더 신뢰받고 낙관적이 될 가능성이 높다. 자기 자신을 믿는다는 것은 대단한 힘을 발휘한다.

이 때문에 선망하는 직업을 가진 현명한 사람은 높은 자기 이미지를 갖고, 덜 매력적인 직업을 가진 학력이 낮은 사람은 낮은 이미지를 갖고 있다고 생각하기 쉽다. 하지만 사실은 그렇지 않다. 거리의 청소부도 자신의 일을 사랑하고 행복할 수 있는 반면, 법률가도 불만족과 자기 혐오감을 가질 수 있다. 낮은 자기 이미지가 오랜 실업자에게나 덜 바람직한 일에 종사하는 사람에게만 적용된다고 생각하는 실수를 하지 말라.

낙제생도 자신의 삶에 대해 행복해할 수 있다.―그러므로 다시금―그들은 실패를 전반적으로 두려워해서 모험하거나 새로운 일을 시도하려 하지 않기 때문에 성적이 떨어질 수도 있다. 낮은 자기 이미지는 낮은 성취자들이 스스로 문제 해결을 못한다고 자인하는 파괴적인 습관을 갖고 있음을 의미한다.

'충분히 좋은' 느낌이 직장 생활을 압도하지 않으면 안 된다고 생각하는 과도한 성취자들도 낮은 자기 이미지를 지닐 수 있다. 과도한 성취자들은 높은 성적을 올리고 끊임없이 사다리를 기어오르며 성공과 평가 점수의 상징적 증거를 보이지 못할 경우, 그들은 받아들여지지 않는다고 느낄지도 모른다. (이는 무조건적으로 긍정적인 고려 대상이 아니다.) 물론 끊임없는 자기 회의, 신뢰를 공유하거나 긴장을 풀지 못하는 것, 위험을 받아들이고 결정을 내리지 못하는 것이 있을 수도 있다. 실수는 학습 포인트나 실험의 필수적인 대가라기보다 개인적인 문제. '좋지 않아' 와 '결코 충분하지 않아' 는 낮은 자기 이미지를 지닌 사람들의 마음속에서 24시간 번쩍거리는 네온사인이다. 그들의 행복은 그들의 믿음에—아마도 그들의 경력에 의해서도 제약돼 있다.

자기 이미지는 일을 찾는 당신의 행위, 당신의 기대, 당신이 하고 있는 일과 당신이 작업 상황을 받아들이는 데에 영향을 미친다. 불건전하거나 왜곡된 자기 이미지는 당신의 능력에 대한 혼란스러운 감각과 비현실적으로 높거나 낮은 기대를 불러올 수 있다. 그것은 극단적인 성취 목적에 영향을 미친다.—당신은 경력을 선택하고 수표를 지불하는 일을 보는 것만으로는 그들의 자기 이미지를 관찰할 수 없다.

자기 이미지가 삶에 어떻게 영향을 주는가

스스로에 대한 믿음은 자신의 신뢰와 낙관적 태도에만 영향을 미치는 것만 아니라 당신의 강한 메시지를 다른 사람에게 전달하기도 한다.

운전을 하다가 주유나 휴식을 위해 차를 세워야 하는 상황을 상상해 보라. 당신은 훌륭한 서비스를 기대할 것이다. 당신은 급수 펌프가 작동하기를 기대한다. 당신은 맛있고 영양가 있는 음식을 희망하거나 유쾌하고 위험이 없는 휴게소를 원한다. 그것은 터무니없는 기대가 아니다.

도로의 한쪽에는 주유소를 알리는 광고판이 늘어서 있다. 거기에는 이렇게 쓰여 있다. "저가 급유, 맛있는 음식. 여기서 쉬고 싶지 않나요? 만사가 그만이죠. 하지만 우리는 폐업을 생각하고 있어요. 그럴 수 있지요! 뭐가 문제죠?" 다른 한쪽에는 "신장개업! 도와드릴까요? 친절한 서비스! 아침도 제공합니다! 주행거리에 따라 최고의 커피도 제공합니다! 잠시 쉬었다 가시죠!"

당신은 어디에서 멈추고 싶은가? 합리적인 사람이라면 신뢰가 가며 능력이 있어 보이는 곳, 도움이 되고 효과적이며 유쾌해 보이는 곳을 선택할 것이다. 분별 있는 사람은 시간과 에너지를 절약하려 하고, 즐겁고 환영해주는 사람을 선호한다.

동정이나 호기심이 아니라면, 왜 당신은 첫 번째 장소에서 멈추려 하는가? 다른 선택의 여지가 없을 때에만 거기에서 멈출 것이다. (당신은 문제를 예상할 수 있으며, 따라서 최상의 분위기에 있지 못할 수도 있을 것이다.)

우리는 자신의 필요와 요구에 상당한 관심을 갖고 있는데, 이는 그렇게 놀랄 만한 일이 아니다. 살아가는 동안, 우리는 서비스를 찾아 헤매는 운전사와 다르지 않다. 무력감을 드러내는 사람과 자신감을 표현하는 사람들 사이에서 선택해야 될 때, 우리는 비슷한 방식으로 반응한다.

많은 사람들이 자신에 대해 낮은 견해로 일을 시작한다는 것은 슬픈 일이다. 하지만 관리자들이 그런 사람들에게 의존하지 않으려 한다는 것은 인지상정이며, 충분히 예상할 수 있는 일이다. 우리가 대단히 친절한 사람이어서 다른 사람들이 잠재 능력을 발휘할 수 있도록 도와주는 데 흥미를 갖지 않는 한, 무언가 원할 때 우리는 좀 더 낙관적이며 유쾌한 사람에게 끌린다.

자신을 고용주의 신발에 맞춰라. 어떤 회사든 생존하려 하고 이윤을 추구하며 소비자의 요구에 부합하려고 노력한다. 회사는 사람을 충원하고 승진시키려 할 때 신뢰감 있고 쾌활한 사람을 선택한다. 고용주들은 행동하고 결정하며, 문제를 해결하고 고객을 끌어오거나 조직의 목적을 이해하고 그 일을 달성하기 위해 노력하는 독립적 의지의 소유자를 원한다. 또한 신뢰를 구축하고, 만성적으로 낮은 자기 이미지를 가진 고용인들이 능력을 보여줄 때까지 기다려주지 않는다. 어떤 경우이든 그렇게 하는 회사는 거의 없다.

때때로 회사는 신뢰를 받고, 성취와 성공에 관해 어떤 피드백을 갖는 것처럼 긍정적인 경험이 긍정적인 자기 이미지를 구축하는 데 도움이 되기 때문에 자존심을 구축하는 것을 도와줄 수 있다. (하지만 이 경우는 행복한 것이다.)

모든 사람들은 직장을 구한다. 고용주가 진정으로 원하는 신뢰감이 있고 행복해하고 낙관적인 사람을 찾지 못할 때 만성적으로 낮은 자기 이미지를 지닌 사람도 직장을 구할 수는 있다. 하지만 이런 사람들이 그릇된 메시지를 보낼 경우, 크게 발전하거나 최상의 결과를 얻을 가능성은 거의 없다.

자기 이미지는 어디에서 생기는가

일을 사랑하고자 한다면, 머릿속에 있는 목소리보다 더 큰 적이나 협력자를 가져서는 안 된다. 당신을 돕거나 방해할 수 있는 자기 이미지의 능력이 자연적인 재능과 능력, 기회와 자격을 앞선다.

> "젊었을 때의 경험이다. (서커스단의 코끼리들이) 땅속에 깊숙이 박힌 커다란 말뚝에 무거운 사슬로 매여 있었다. 코끼리들은 밀고 당기면서 큰 소리를 내며 버둥거린다. 하지만 사슬은 너무 강하고, 말뚝은 너무 깊숙이 박혀 있다. 어느 날, 코끼리들은 자유로워질 수 없다는 사실을 깨닫고는 포기한다. 그날부터 코끼리들은 가느다란 줄로 '매어둘' 수 있다. 이 거대한 동물이 어떠한 저항도 하려고 하지 않을 때, 비록 코끼리들은 서커스의 천막을 끌어당길 힘을 갖고 있을지라도 더 이상 시도하지 않는다. 왜냐하면 코끼리들은 할 수 없다고 믿기 때문이다—할 수 없다고."
>
> _가뱅 드 베커

어떤 사람들은 성공과 행복을 행운으로 치부한다. 또 어떤 사람들은 성공을 적절한 시간에 적절한 장소에 떨어진 것으로 간주한다. 하지만 스스로를 믿지 못한다면, 다가오는 어떤 기회도 붙잡을 수 없다. 확신만 있다면, 이런 기회는 얼마든지 판단할 수 있다. 어떤 사람은 성공과 행복을 재능과 능력으로 치부한다. 하지만 개선하고 계발할 수 있다는 내면적인 믿음이 없다면 어떻게 이 기술과 학습을 계속 유지할 수 있겠는가?

성공할 수 있다고 믿지 않는다면, 목표를 향한 여행을 시작할 수 없다. 스스로를 무가치하다고 믿는다면, 어떻게 무언가를 추구할 수 있겠는가? 코끼리는 스스로 자유로워질 수 없다고 믿기 때문에 사슬을 풀려고 애쓰지 않는다. 많은 사람들이 스스로 일을 사랑한다는 생각에 조소를 보이는 까닭은 그것이 그들에게 가능하다고 믿지 않기 때문이다. 그들의 경력과 현실, 직업 시장과 고용 상황은 사슬의 강도가 코끼리에 미치지 못하는 것 못지않게 적절하지가 못한 것이다.

당신이 높은 자기 이미지를 갖고 있지 못하다면, 비판이나 거절을 받는 순간에 포기하거나 굴복할 것이다. 당신 스스로 외부 세계가 당신의 자기 평가에 일치한다고 증명했기 때문이다. 최소한이라도 당신은 자신의 능력에 대해 신뢰와 자기 가치를 충분히 강하게 가질 필요가 있다. '충분히 강하다'는 말은 실망과 실패, 비판을 극복할 만큼을 의미한다. 자신을 받아들일 수 있고 또 당신이 추구하고 행하는 바에 대해 자부심을 가질 수 있을 만큼 충분히 강한 자기 이미지가 필요하다.

우리에게 '도움이 되는' 잠재의식적 마음은 모든 것을 사실로 기억한다. 기억 창고에는 판단은 존재하지 않는다. 정보는 그것이 옳건 그르건, 파괴적이건 유익하건 좋은 믿음 속에서 얻어진다. 이는 또한 다른 사람들로부터 자신에 관해 받아들이는 메시지가 모두 잠재의식적인 마음속에 사실로 저장됨을 의미한다.

대략 7~8세쯤이면 "나는 어떤 유의 사람인가?"라는 질문에 대해 상당히 일관된 답변을 할 수 있다. '나는 ~이다', '나는 ~유의 사람이다', "그것은 나에게 맞지 않아", '나는 나 자신이 어떻다는 것을 알아(혹은 알 수 없어)'라는 문장으로 시작할 때마다 당신은 잠재의식적인 마음속에 담아뒀던 자기 이미지 파일로부터 단서를 취한다. "당신은 누구라고 생각하는가?"라는 질문에 답변을 머뭇거린다면, 외부에서 파일을 취해 살펴봐야 할 시간을 갖게 되는 것이다. 잠재적인 위력과 약점, 능력에 대해 질문을 받을 때, 당신은 그 파일을 가리키도록 요구받는 것이다. 이런 것들은 우리가 자기 이미지에 관해 생각하거나 언급하는 명백한 순간들이다. 지시 대상이 그처럼 명백하지 않은 순간도 많다.

우리는 무언가를 행하거나 말하고 느끼기 전에 잠재의식적인 마음이 먼저 움직인다. 따라서 우리의 현재적인 삶에 그것이 미치는 영향은 상당하며 쉽게 변하지 않는다. 잠재의식적 마음은 우리의 선택과 열망, 우리가 노력하고 위험을 감수하는 방식, 사람들의 이야기를 경청해 과제를 수행하는 방식을 안내한다. 그것은 우리가 그 길을 드러낸 순간부터 우리는 주어진 도구들을 살펴보게 된다.

우리가 삶에서 지나치게 많은 비난을 들으면서 시작한다면 무엇이 일어나겠는가? 자기 이미지는 행동에 충격을 줄 뿐 아니라 행동의 방향까지 결정한다. 우리의 행동은 다른 사람이 우리에게 반응하는 방식에 영향을 준다. 자기 이미지는 우리가 이끌어가려는 유형의 삶에 영향을 준다. 그것은 또한 우리가 영위하는 현재의 삶에도 충격을 주고 방향을 결정한다. 사람들은 우리의 행동에 단지 반응할(보상하고, 처벌하거나 무시하는) 수 있을 뿐이다. 그들은 우리의 생각을 읽을 수는 없다. 아직까지, 다른 사람에게서 참다운 잠재력과 지혜를 볼 수는 없다. 우리는 단지 그들의 행동에 기초해 가정할 뿐이다.

여기에 자멸이나 행복의 순환 가능성이 존재한다. 다른 사람이 자기 이미지가 지극히 낮은 순간에 다시금 강화하려 한다는 것은 대단히 불공정해 보인다. 하지만 그것이 인생이다. 마르쿠스 아우렐리우스가 오래전에 주목했듯, "우리의 인생은 우리가 만들어가는 것이다".

낮은 자기 이미지의 함정

낮은 신뢰와 실패할 것이라는 생각으로 시작한다면, 절망과 불안, 긴장감을 경험할 것이다. 창조성은 즐거운 모험에 달려 있기 때문에 내가 창조적이 될 가능성은 적다. 실수는 나의 절망에 대한 확증이다. 나는 최선을 다해 수행할 수 없다. 비판이나 실패는 내가 절망적이고 무능하다는 '사실'을 확증해준다. 내가 독백에 빠져서 원래 믿었던 것이 옳았다고 확신하려는 순간 자기 충족적이고 자기 파괴적인 과정이 시작된다. (당신은 매우 낮은 자기 확신을 가지고 어떤 멋진 일을 다른 사람들에게 말하려고 했을 때 자신의 칭찬이 만신창이로 되돌아온 것을 느껴본 적이 있는가?)

우리가 스스로 자기 파괴적인 악순환을 계속할 수 있다는 것은 낮은 자기 이미지의 함정이 주는 가장 좌절되는 부분이다. 아무리 첫 대면에서 부정적인 메시지를 받을지라도, 그러한 손실을 계속해서 다시 반복하고 기록하는 것은 우리 자신의 독백이다.

당신은 지금 어떻게 느끼는가

내가 생각하기에 전혀 모욕을 받지 않고 사는 삶은 극히 드물다. 자기 이미지에 대해 이야기한다는 것은 사람들을 동요시킨다. 우리는 자기 가치에 대한 느낌을 주고 무언가를 달성하도록 격려해준 사람들을 기억한다. 자기 이미지에 관해 이야기한다는 것은 수많은 정서적 반응들을 들춰낼 수 있다. 그것은 예민한 주제다.

일할 목적을 위해 개인적인 정보를 공유하거나 자기 이미지를 기술할 필요는 없다. 다른 사람들의 자기 이미지에 관해 질문한다든지 혹은 비밀을 유지하고 싶어하는 개인적인 기록들을 들춰내는 것은 적절하지 못하다. 끊임없이 자기 이미지에 의문을 품으면서 하루 종일 아무 일도 하지 않고 골몰할 필요는 없다.

하지만 분명히 하자—자기 이미지의 개념으로부터 일의 수행을 분리시킬 수는 없다. 사람들이 자신의 말이나 모욕, 칭찬이 다른 사람들에게 어떻게 전달되는지에 대해 좀 더 깨닫고 사려 깊게 행동한다면, 그것은 결코 나쁜 일이 아니다. 사실상, 관리자들에게 이것은 계발해야 하는 중요한 부분이다.

무엇을 할 수 있는가

우리는 자기 이미지의 더욱 유해한 부분들, 즉 어떤 면에서 다른 사람들이 자신에게 유해하고 제한적인 것으로 인식하도록 각인시킨 부분들을 삭제할 수 있는가? 데니스 웨이틀리 박사는 "일생 동안 입력시킨 통합되고 분리된 수많은 항목들이 수정을 기다리면서 그대로 있다"고 적고 있다. 그것들은 당신이 함부로 지울 수 없다. 당신은 강한 메시지를 가지고 그것들을 무시하거나 특정 기간 동안 그것들의 효과를 수정할 수 있다. 하지만 당신은 그것들을 평생 지니는 것이다.

자기와의 대화가 존재한다는 것은 우리에게는 행운이다. 자기와의 대화는 사물을 숙고할 수 있는 의식적인 마음에서 진행된다. 이것은 현시점에 대한 정보를 판단할 수 있게 한다. 반응하기 전에 선택의 순간을 포착할 경우 의식적인 정신은 결정을 하고 선택할 수 있다.

당신은 기억으로부터 분출된 낮은 자기 이미지를 지닌 채 시간이 지나면서 효과를 나타내는 부정적인 목소리에 스스로 중단할 수 있다.

당신은 과거로 돌아가 사람들에게 의견을 바꾸고 지적을 철회하라고 요구할 수 없다. 당신은 지금 미래를 내다볼 필요가 있다.

당신은 다른 사람들의 의견을 불신할 수 있다. 스트레스를 받는 사람들, 의사소통의 기술이 결여된 사람들, 잠재적인 손실을 탁월하게 지각하고 이해하는 사람들이 악의적으로 행동할 리는 없다. 그것은 상처를 주는 말과 행동에 대한 변명이 아니다. 하지만 우리는 뒤로 물러서서 "좋아, 그들이 무엇을 알았는가?"라고 물을 수 있다.

당신은 말이나 행동의 기억을 지울 수 없다. 한풀 꺾인 기분은 순간이다. 당신은 기억의 '테이프'를 돌려 비판적인 안목으로 볼 수 있다. 부당함에 대해 조소할 수 있다. 중요한 순간을 기억하기 위해 틀을 고정할 수 있다. 하지만 테이프의 본래 내용을 완벽하게 지울 수는 없다. 운 좋게 지운다 하더라도, 그렇게 하면 당신은 좋은 일도 지우게 될 것이다.

당신은 갇혀 있는 부정적인 회로에 대해 자각할 수 있으며, 또 그것을 되돌리기 위해 노력할 수 있다. 변화하기 위해서는 하나의 문제를 알아야 한다.—낮은 자기 이미지로는 결코 그러한 통찰을 얻지 못한다. 어떤 긍정적인 제안에 대해 당신이 부정적으로 반응했다는 것을 알아채야 한다. 자기 파멸의 순환 속에 갇히기는 쉽다.

건강한 자기 이미지를 지닌 사람과 관계를 맺어라

긍정적인 사람에게서 충고를 듣고 건설적인 피드백을 경청할 수 있다. 다른 시각을 갖게 해주는 적극적이고 긍정적인 인생관을 지닌 사람과 관계를 맺지 않으려는 사람이 있다는 것은 대단히 슬픈 일이다. 주변 사람들의 긍정적인 반대를 외면할 경우 당신 주위를 매우 부정적인 사람들이 에워싸고 있다는 사실을 어떻게 알 수 있겠는가? 부정적인 이야기와 피드백이 당신이 알고 있는 전부라면 어떻겠는가? 당신은 이러한 대화가 인생 자체라고 생각할 뿐이다. 비교할 것이 전혀 없는 상태에서는 혼란도 존재하지 않는다.

낮은 이미지의 함정에서 당신을 끌어낼 수 있는 최상의 방법 중 하나는 주변을 둘러보고 건강한 자기 이미지를 지닌 사람과 관계를 맺는 것이다. 그리고 당신을 끌어내리는 사람이나 상황으로부터 가능한 한 멀어져라. 당신이 가치 있는 사람이 못 된다고 확신하고 설득하며 제안하려는 사람들 옆에서 가능한 한 멀리 달아나라.

> "누군가가 그들의 견해를 바꾸지 않는 한, 또 바꾸기 전까지는 그들이 어떤 실에 묶여 있다는 것, 사슬은 환상이라는 것, 바보 취급을 받았다는 것, 바보 취급한 사람이 누구이든 그들에게 잘못을 했다는 것, 그리고 그들도 스스로에게 잘못했다는 것, 이 놀라운 사실들을 파악하기 전까지는—이 모든 것이 일어나기 전까지는, 이 어린이들은 성인으로서 자신들의 긍정적인 자질을 사회에 보여줄 것 같지가 않다."
> _가뱅 드 베커

낮은 자기 이미지로 일을 한다면, 다른 장소에 서서 당신의 인생을 살펴야 한다. 당신은 막장일을 지원했는가? 그렇다면, 그 까닭은 무엇인가? 당신은 학자나 훈련 교관을 지원했는가? 그렇다면, 까닭은 무엇인가? 당신은 "동기부여가 강하고 능력 있는 인물을 찾고 있습니다"는 광고 문구를 읽고 그냥 지나쳐버렸는가? 당신은 거절당할 경우 감내할 수 있다고 생각하면서 고용주의 사무실 문을 두드리고 휴가를 요구했는가? 당신은 실제로 당신의 반응에 대해 생각해야 한다. 만일 음울한 운명의 순환 속에 갇혀 있다면, 당신은 그 상황으로부터 벗어나게 하기 위해 실질적인 조치를 취해야 한다.

지난 일을 가리키면서 "'그들이 나에게 잘못했을지 몰라' 라고 말하는 것은 쉽게 할 수 있는 일이 아니다. '감각적인 증거가 우리가 지닌 상像에 어긋날 경우, 그 증거는 왜곡되었을지 모른다' 고 말하기란 사실상 어려운 일이다. 다시 말해 우리는 감각이 보고하는 모든 것을 알 수 없고, 단지 우리가 지닌 상에 들어맞는 것만을 알 수 있다."(−칼 로저) 우리는 참다운 '증거' 와 대면할 수 있겠지만, 그것이 우리가 진리로 받아들였던 상에 부합하지 않기 때문에 거절할지도 모른다.

그러나 칼 로저는 하나의 인격이 형성된다는 것이 무엇인지에 관해 흥미로운 정보도 갖고 있다. 그는 경험에 대해 개방적이 되라고 충고한다. 따라서 새로운 상황을 우리가 이미 지녔던 유형에 맞추기 위해 왜곡하기보다 그 자체로 선택할 기회가 있다.

한 개인이 '자신의 감정과 태도에 대해 좀 더 개방적으로 인식할 때, 인색한 자기 이미지와 부정적인 세계관을 보호하는 '완고하고 수세적인 태도' 를 타파할 때, "그는 모든 나무가 녹색은 아니며, 모든 남자가 엄격한 아버지는 아니며, 모든 여자가 거절하는 것은 아니며, 모든 실패 경험이 좋지 못하다는 것을 입증하는 것은 아님을 깨닫는다".

당신은 좀 더 개방적이고 깨어 있을 수 있다. 바라보고 주의 깊게 들어라. 당신 자신이나 다른 사람의 관점에서 사물에 대해 들어보라. 필터를 떼어내고 감각들을 사용하기란 어렵지만, 그래도 할 수 있다. 스스로에게 정직하라. 우리는 자유롭게 질문할 수 있다. 알베르트 아인슈타인은 "가장 중요한 사실은 질문을 중단하지 않는 것"이라고 말했다.

당신은 새로운 메시지를 입력할 수 있다. 당신은 이 일을 스스로 할 수 있다. 당신은 다른 장비, 지침, 도우미 혹은 소프트웨어가 필요하지 않다. 당신은 단지 희망적으로, 끈기 있게 스스로에게 말하면 된다.

따라서 자기 이미지를 바꾸는 방법은 일을 잘하는 당신 자신을 부여잡고 그 점에 대해 스스로에게 말하는 것이다. 또한 당신은 부정적인 자신을 벗어버리고 과거의 기록에 대해 크게 웃어넘겨 버릴 필요도 있다. 당신이 사랑하고, 웃고, 노력하고, 모험하고, 개방적이고 행복해하던 기억을 스스로에게 상기시키는 긍정적이고 낙관적인 메시지를 들춰서 반복해라. 불쑥 나타나는 부정적인 메시지를 인내심을 갖고 대처해야 한다. 이러한 메시지는 신세대의 심리 은어처럼 들릴 수도 있으며, 사실 그럴 것이다. 하지만 치명적으로 낮은 자기 이미지를 수정하고 무시할 수 있는 유일한 방법은 자기와의 대화를 하는 데 있다. 이 방법은 어리석게 들릴지 모른다. 하지만 자신의 뜻과 다르게 동일한 일이 되풀이되도록 하는 것보다 어리석은 일이 있을까?

그런데 당신을 단속해줄 사람은 아무도 없다. 누구도 당신의 자기와의 대화에 귀를 기울이지 않는다. 그리고 당신은 낡은 메시지의 '사실들'에 반하는 새로운 메시지를 입증할 필요는 없다! 그것은 모두가 의견일 뿐이다. 바로 이 지점이 두뇌의 기획이 호의적으로 작동하는 곳이다. 잠재의식적인 마음은 모든 것을 '사실'로 기록한다. 당신이 새로운 메시지(좀 더 긍정적인 메시지를 포함해서)를 제공할 때, 잠재의식적인 창고도 똑같이 그렇게 작동한다. 물론, 상점의 정문은 새롭게 들어온 물건에 대해 물음을 제기할 것이다. 긍정적인 투입이 이상할 수도 있다. 의식적인 마음은 "이전에는 본 적이 없는 목록인데, 봤을지도 모르겠어"라고 생각할 수도 있다. 하지만 잠재의식의 협동 정신은 그 메시지를 똑같이 저장할 것이다.

당신이 어렸을 때는 부정적인 것으로부터 달아날 수 있는 수단이나 균형을 바로잡을 수 있는 지식이 없는 수동적인 청중이었을지 모른다. 하지만 성인이 된 지금은 놓여 있는 상황으로부터 자유롭게 벗어날 수 있다. 성인으로서 당신은 사람들의 얼굴을 주시하면서 "좋아, 그 말은 당신 견해야!"라고 말할 수 있는 정신의 크기와 힘이 있다.

어렸을 적 당신은 순진하게 들었다. 성인이 된 당신은 "나는 생각을 바꾸고 있어. 나는 '진실'을 대면하고 있어"라고 자유롭게 말할 수 있다. '사슬은 환상이야.' 당신이 그 자유를 구가하는지 여부는 다른 문제다.

> '머릿속의 부정적인 소리에 기초해서는 인생에서 결코 결정을 내릴 수 없다는 사실을 당신은 깨달아야 한다. 다른 수많은 사람도 그렇게 하고 있다. 오히려 당신은 일차적인 당신의 생각, 희망적인 당신의 생각을 갖고 나아가야 한다. 내가 하려고 하는 것은 바로 이것이다." _ 빌리 코널리

도움을 구하기_ 사물을 반전시키기

나는 당신이 끊임없이 'B면'만 반복하는 자기와의 대화의 녹음기를 지니지 않기를 희망한다. 당신에게 "무가치하고, 어리석고, 추하고, 아무 짝에도 쓸모없고, 공간을 낭비하거나 곰살궂지 못하다"고 말하는 것이 정상적으로 느껴지는가?

당신의 직장 선택은 이 내면적인 믿음을 반영하는가? 도대체 일을 사랑할 수 없거나 어떤 직업에서도 행복을 상상할 수 없다면, 다른 사람에게 도움을 청할 수 있다. 도움이 저 앞에 놓여 있다. 다른 사람이 돕고 경청하고 지지할 수 있으며, 많은 사람들은 그 일을 즐거워한다.

하지만 신중하라. 부적절한 방법으로 당신을 돕고자 하는 사람들에 대해 경계하라. 나는 숲 속으로 돌격하고, 페인트 총으로 사람을 쏘고, 동굴 속에서 길을 잃거나 군 훈련 장벽 너머로 내던지는 일 등은 낮은 자기 이미지를 반전시키는 데 부적절한 방법이라고 본다. 또한 나는 "나는 챔피언이다. 나는 무너지지 않는다. 누구도 내 앞 길을 막지 못해"라고 적은 종이로 방 벽을 도배하는 행위도 부적절하며 잠재적으로는 지극히 위험하다고 생각한다. 나는 도움을 주겠다고 하면서 당신의 지갑에 호감을 갖는 사람은 지갑을 열지 않으면 결코 당신을 돕지 않을 것이다.

매우 낮은 자기 이미지의 소유자는 상처받기 쉽다. 자기 의견에 대한 신뢰도 낮다. 당신이 한 집단에 의해 위압당할 가능성은 매우 높다. 그것을 알고서 당신에게서 돈을 갈취하려는 사람이 존재한다. 바깥에는 당신을 찾는 사람들이 존재한다. 무너뜨렸다가 다시 세워줌으로써 당신의 자존심을 '세워주었다'는 환상을 심어주는 것이 그들의 전략이다. (이러한 회사들 가운데 몇몇은 합법적인 테두리 안에서 많은 돈을 벌고 있다.)

하지만 자존심을 북돋아주는 프로그램 가운데 자격과 윤리를 갖춘 전문가들이 존재하고 그들이 도움을 줄 수 있다. 당신 스스로 힘든 일을 해야 하고 그들은 당신을 도울 것이다. 그들은 당신이 원치 않는 물건을 팔고, 구걸을 하고, 등반을 하고, 복창하고, 노래하라고 요구하지는 않을 것이다. 그것은 지속적인 연구와 끈기를 요구한다. 당신에게 불가능한 것이 아니기 때문에 희망이다.

건강한 자기 이미지는 어떻게 나타나는가

건강한 자기 이미지에 대한 징표는 자신에게 웃을 수 있고, 실수를 용납하고, 다른 사람이 호감을 갖게 하기 위해 노력할 수 있는 능력으로 나타난다. 건강한 자기 이미지는 자신에게 충실할 수 있고, 집단의 승인을 필요로 하지 않은 상황에서 의견을 고수할 수 있는 신뢰를 준다. 또한 당신의 의견에 동의하도록 사람들을 귀찮게 하거나 당황하게 할 필요가 없음을 의미한다.

건강한 자기 이미지를 지닌 사람은 다른 사람의 의지보다 자신의 길을 따르고자 한다. 그리고 다른 사람들을 통제하고 굴욕감을 주는 식의 일인 독주나 게임을 하지 않는다.

건강한 자기 이미지를 지닌 사람은 높은 기대와 전향적인 신뢰를 갖고 시작한다. 언제든지 도전을 환영하며, 학습에 대한 열의가 있다. 실수는 학습 경험이다. 그들은 편한 마음가짐을 갖고 있다. 편한 마음가짐을 가질 때, 사고는 자유분방해진다. 창조와 행동의 기회도 존재한다. 성공적인 결과는 자신이 가치가 있다는 내적인 믿음을 키운다. "나는 좋은 일을 했어. 만사가 훌륭해."

건강한 자기 이미지를 지닌 사람은 자신의 삶과 일에서 행복을 찾을

수 있으며 또 찾고 있다

건강한 자기 이미지를 지닌 사람은 자신의 삶과 일에서 행복을 찾을 수 있으며 또 찾고 있다. 더 나아가서 행복과 성공이 다가올 때 그것을 즐길 수 있으며, 좌절이 생길 때 대처할 수도 있다.

건강한 자기 이미지를 지닌 사람은 다른 사람들에게 평등하게 이야기한다. 그들은 누구에게는 아첨하고, 누구는 비하하지 않는다.

성공과 자기 이미지

건강한 자기 이미지는 우리에게 내적인 확신을 준다. 하지만 '확신'과 '성공'이 한 인격의 겉모습을 통해 나타날 수 있다는 생각은 우리 시대의 슬픈 신화 가운데 하나다.

> "강해진다는 것은 여자와 같아지는 것이다. 당신이 강하다고 말한다면, 당신은 강한 것이 아니다."
> _ 존 카르

권력에 참인 것은 부, 아름다움, 지위, 성공에도 참이다. 당신이 모두가 그 사실에 대해 알고 있다고 확신시키려 한다면, 그것은 당신이 그 점에 친숙하거나 편안하게 받아들이지 못한다는 확실한 징표다.

건강한 자기 이미지는 극단적인 허영과 같은 것이 아니다. '자기'를 받아들이거나 사랑하는 태도는 나르시시즘과 같은 것이 아니다. 나르시시스트의 자기와의 대화는 이렇다. "왜 모든 사람이 나를 보고 있지 않는가? 왜 그들은 내가 멋지다고 생각하지 않는가? 그들이 감히 나의 의견에 맞설 수 있단 말인가? 도대체 그들은 스스로에 대해 생각하는가? 도

대체 그들은 내가 누구인지 알고 있는가? 내 감정은 중요하지만, 그들의 감정은 그렇지 못해."

건강한 자기와의 대화는 이렇다. "이것이 숨김없는 내 모습이야. 나는 완벽하지 못해. 나는 여전히 배우고 있어. 내 감정이 중요한 것처럼 당신의 감정도 그래. 우리는 동등한 대화를 해."

사람들을 강요하는 행위는 참다운 확신이 아니다

진정한 확신은 경청할 수 있는 능력을 준다. 자신을 좀 더 중요하거나 '더욱 커' 보이게 하려는 시도에서 다른 사람을 밀어젖힐 필요를 느낀다면, 그 태도는 건강한 자기 이미지를 지닌 것이 아니다. 이는 낮은 자기 이미지와 가까운 모습이다.

사람들 앞에서 고용인을 큰 소리로 비하하는 관리자를 보는 것은 불안한 골목대장을 보는 것이다. 특히 레스토랑이나 공항, 상점 같은 공공장소에서 오만하고 공격적인 태도로 행동하는 사람을 보는 것은 불안을 지켜보는 것이다. 상대가 저항할 수 없는 공격을 하는 행위는 무뢰한을 보고 있는 것이다. 무뢰한은 진정한 힘을 갖고 있지 않다. 무뢰한은 어디서든 조직적으로 싸울 장소를 찾고 과시하려고 한다.

건강한 자기 이미지를 지닌 사람은 사람들이 평등한 권리를 갖고 있다거나 그들의 의견(또 그들의 존재)이 다른 사람 못지않게 가치 있고 중요하다고 느낄 가능성이 높다.

아름다움이나 성공이 신뢰와 행복의 보증수표는 결코 아니다. '미인들' 사이에서 벌어지는 약물중독, 치료, 자기혐오에 관한 소식을 듣는 것은 짜증나는 일이다. 아름다움과 성공을 소유했다는 것이 강력한 실마리를 주지는 못한다. "나는 돈으로 살 수 있는 모든 것을 가졌어. 그런데 여전히 행복하지 않아. 나는 나 자신을 좋아하지 않아"라는 이야기를 듣는 것도 낯설지 않다.

건강한 자기 이미지를 지닌 사람은 자신이 갖고 있는 것과 일하고 있는 것에 대해 대단히 편하게 받아들인다. 또한 이들은 '무조건적이며 긍정적'인 자세를 갖고 있는데, 이는 상황이 어떻든 스스로에 대해 좋게 느낀다는 것을 의미한다. 그렇다고 해서 그들이 열심히 노력하지 않는다는 말은 아니다. 이 말은 실패했다고 해서 자신을 혐오하지 않는다는 뜻이다. 그들은 '승리'에 대해 자만할 필요를 느끼지 않는다.

지나친 자존심이라고?

자기 이미지에 관한 논의를 하다 보면 변함없이 다음과 같은 문제가 제기된다.

···▶ 우리는 자기 이미지가 낮은 사람에 대해 이야기했다. 그가 현실과 불화를 일으킬 때는 어떻게 해야 하나?

···▶ 우리는 한 여자와 함께 일한다. 그녀는 자신이 멋지다고 생각하지만, 사실은 그렇지 못하다. 그녀에게 말을 해줘야 하는가?

···▶ 우리는 한 남자와 일한다. 그는 우리 모두가 자신을 사랑한다고 생각하지만, 사실은 헛된 망상이다. 그는 매력이 없다. 그에게 말을 해줘야 하는가?

···▶ 그러면 다음과 같은 물음이 제기된다. "그들은 어떻게 이런 생각을 하게 되었는가?" (물론 당신도 답변을 알고 있다. 그들의 자기 이미지가 그렇다고 말한다면, 그것은 그렇다!)

나는 한때 세일즈맨을 면담하는 일을 했다. 한 젊은 지원자(대략 23세)가 '나의 인생—성공 이야기'라고 이름 붙인 자신의 앨범을 보여주면서 면담을 시작했다. 첫 페이지는 양탄자에 앉아 있는 아이의 사진이었다. 그는 상당히 진지하게 나를 바라보면서, "당신도 알다시피 챔피언의 모습입니다"라고 말했다. 비슷한 면담을 여럿 한 뒤에, 탈락한 응시자가 와서 "실수일 거예요. 방금 탈락했다는 통지서를 받았습니다. 누군가가 악의적으로 평가했다고 생각해요"라고 말했다.

"응시한 것에 대해 대단히 감사합니다만, 우리는 많은 지원자를 접했습니다……."

그는 바로 내 말을 중단시키곤 낄낄거리면서 "미안하지만, 다시 시작하죠. 당신이 나를 탈락시켰다고요? 내가 누구인지를 몰라요?"라고 말했다.

(이 입사 지원자 둘 다 집중적인 세일즈 훈련 과정을 통해 직장에 근무하게 되었다는 것을 덧붙여야겠다. 내가 생각하기에 그들은 명중하면 총알이 터지면서 그 속의 페인트가 묻는 전쟁놀이를 수주일 동안 했다.)

예전의 나의 상사는 때때로 경력버전에 'A>AxCF'라고 흘겨 쓰곤 했는데, "열정이 상당 정도 능력을 앞선다"를 상징하는 코드였다. 이 표현은 대체로 오만하고 과장된 행동을 하는 응시자들에 대한 평가다. 우리는 행동으로 판단된다. 나의 상사는 '교만'이 사람들을 관리하거나 협력할 수 있는 자질에 나쁜 영향을 미친다고 생각했다. 그는 그들에게 이야기해줄 필요를 느끼지 못했는가? 아니다. 그들은 직장을 구했는가? 아니다.

당신은 누군가에게 자신에 대한 견해가 지나치게 높다고 이야기해줄 필요를 느끼는가? 당신은 정확히 무엇을 이야기할 것인가? 어떻게 우리는 확실하다고 아는가? 그게 문제가 되는가? 대부분 당신은 그 일이 심각하게 나쁘기보다는 단순히 짜증나는 일이기 때문에 방관할 수 있다. 당신은 또한 멋대로 행동하도록 놔두는데, 그 이유는 그러한 행동이 당신에게 미치는 영향보다 그들의 기회를 차단하기 때문이다.

이러한 행동은 좋다는 감정과 일치하는가? 그 행동은 자기를 받아들이지 못하는 불안과 관련되어 있지 않은가?

어떤 사람의 불안과 허풍이 실질적인 문제를 불러일으킨다면, 현실을 입증할 수 있는 방법이 있을 것이다. 일하는 데 때때로 그것이 문제가 된다. 왜냐하면 사람들은 그들이 실제 수행할 수 있는 장점 이상의 높은 열망을 갖고 있으며, 그들의 좌절이 일에서 문제를 불러일으키기 때문이다.

우리가 실제적인 수행과 명백한 결과에 직면한다는 것은 변함없는 사실이다. 통상적으로 관리자들이 취급해야 할 문제가 있다. 또 우리 모두는 전문적인 관리자가 결과를 갖가지 문제로부터 분리하는 일의 중요성을 이해하고 있기를 희망한다. 가능한 한 대화는 사실과 입증 가능한 결과의 검증을 거쳐야 한다. 현명한 관리자는 고용인과 더불어 '지능' 이나 '잠재력' 에 관해 이야기하려고 하지 않을 것이다.

사람들은 어떤 지점에서 자기 이미지가 현실과 맞지 않는다는 것을 발견할 수 있다. 이는 고통스러울 수 있지만 우리가 성장하려면 반드시 필요한 경험이다. 건강한 정신은 객관적인 현실관에 달려 있는 것이다.

설령 나의 동료가 자신이 멋지고 똑똑하다고 생각할지라도, 그게 무슨 문제인가? 이러한 착각은 일을 진행하는 데 어느 정도 활력소가 된다.

순수한 확신만으로 먼 길을 떠날 수 있을까? 답은 절대적으로 그렇다! 당신 주변을 둘러봐라. 참으로 재능 있는 사람이 확신을 얻기 위해 어딘가에서 시간을 낭비할 수 있을까? 다시 답변하면, 절대적으로 그렇다!

당신 주변을 둘러보라. 하지만 당신이 그 사람이 되지 않도록 하라.

당신의 진로를 막고 있는 것은 당신의 현재 모습이 아니다. 그렇지 못하다는 당신의 생각이 막고 있는 것이다. 당신의 직장 생활은 당신의 자기 이미지에 의해 활짝 꽃을 피울 수 있다.

인간은 결코 단순하거나 로봇 같지 않다. 당신에게는 자기 이미지가 따라다닌다. 이러한 이미지는 좋든 싫든 당신의 삶에 영향을 미치고 있다. 또한 당신이 경험했던 일하는 날들에 직접적이며 중요한 영향을 미쳤다. 미래의 모든 날에도 영향을 미칠 것이다. 당신의 내면 어딘가에서 '나는 아직 아냐. 아직 행복할 자격이 없어. 나는 결코 좋을 수 없어. 누가 일을 사랑해? 확실히 나 같은 사람은 아냐' 라는 소리가 들린다면 일을 사랑하고 만족감을 느끼는 데 장애물이 될 것이다.

그것은 하나의 도전이다. 하지만 "좋아, 나는 잘할 수 있어. 나는 노력할 수 있어. 배울 수 있으며, 해낼 수 있다고 확신해. 왜 내가 아냐? 다른 사람들도 해. 가능하다면, 그것을 할 수 있다고 확신해" 라는 소리가 들린다면, 실망스러운 투쟁은 아니다.

> "나는 … 이다" 는 말은 힘 있는 말이다. 당신이 붙들고 있는 말들을 조심하라. 당신이 요구하고 있는 것이 반대로 당신에게 요구하는 방법이다."
> _키셀먼

당신 '자신' 을 배려하라.

5

사람 변수_사람들과 좋은 관계 유지하기

"관용이 없다면, 우리가 사는 세상은 지옥으로 변할 것이다."
_ 프리드리히 뒤렌마트

우리가 이렇게 말하는 것은 흥미로운 일이다.

"나를 미치게 하는 것은 일이 아니라 사람이야."

"정치 때문이 아니었다면, 일을 하고 싶지 않았을 거야."

혹은 반대로

"일은 많지 않지만, 사람이 너무 많아."

"일이 너무 짜증나. 하지만 즐겁게 해야지."

사람들이 일에 대한 우리의 감정을 고무할 수도 있고 훼손할 수도 있는 것 같다.

당신이 사람들과의 갈등이 없거나 '사무실 정치가 극히 적은' 직장을 생각하고 있다면, 그것이 꿈이라는 것을 알아야 한다. 그러한 직장은 존재하지 않는다. 사람이 있는 곳에서는 정치, 의사소통의 쟁점, 갈등과 감정이 존재한다. 당신은 직업 방정식에서 사람을 배제할 수는 없다.

참으로 회사 동료와 즐겁게 일할 수 있는 직장을 발견한다는 것은 크나큰 행운이다. 당신을 고무하는 사람들 사이에서 일한다는 것은 더욱 좋다. 하지만 분위기가 이상적이지 않다고 해서 거부할 필요는 없다.

함께 일하는 사람을 좋아하거나 사랑할 필요는 없다. 모든 사람과 좋은 시간을 보내기를 기대하는 것은 합당하지 않다. 하지만 동료를 사랑하거나 좋아하기를 요구받지 않는다고 해서 훌륭한 매너를 지니거나 잘 지내도록 노력할 필요가 없다는 말은 아니다.

당신은 사람들과 더불어 일할 수 있어야 한다. 일을 방해하거나 과제를 완수하기 어렵게 하지 않는 한 갈등이 문제가 되지는 않는다. 다른 사람들의 나쁜 면에 동조하지 말라. 모든 사람들이 '두려워' 하는 정신질환이 있는 동료를 상상해보라. 대단히 두려워하라.

설령 당신이 상대적으로 고립돼 있을지라도, 여전히 당신은 '생산적인' 관계를 위해 노력할 필요가 있다. 다른 사람들이 당신에게 주고 싶어하는 한 당신은 다른 사람의 협력을 물리칠 이유가 없기 때문이다. 당신은 다른 사람의 도움이 필요하며, 이는 모든 사람에게 다 해당되는 말이다. 만일 당신이 졸렬하게 행동하거나 다른 사람을 무시한다면, 당신은 도움을 얻지 못할 것이다.

또한, 직원들의 인기 경쟁에서 승리할 필요는 없지만 '유쾌하고', '좋은 태도' 는 대단히 유익하다.

갈등이란 '차이' 를 의미하는 말에 지나지 않는다. 직장에서 갈등은 문제를 해결하는 방법을 둘러싼 두 가지 상이한 의견, 악의 없는 농담이 때로는 감정을 낭비하는 파괴적인 순환으로 발전하는 데서 기인한다. 나는 사람들이 서로 부딪치면서 감정이 상해 병까지 얻는 것을 지켜보았다. 나 자신도 역겨운 감정 없이는 한 동료를 바라볼 수 없는 지경에까지 이른 적이 있다. 지금도 그 동료를 편안하게 바라보는 데 '어려움' 이 있다. 전형적으로 볼 때 '감정 낭비자' 는 자신에게 미치는 영향이나 더 나은 처신 방법에 대해 무지한 편이다.

어떤 사람들은 갈등을 단순히 두려워한다. 그들은 일하면서 겪게 되는 사람들과의 불편한 관계를 해소하려 하지만 방법을 모르고 있다. 또한 사태가 개선되기를 바라지만 새롭게 시작할 수 있는 에너지나 기술이 있는지조차 모르고 있다. 자신들의 시도가 사태를 더욱 악화시킬 것이라고 우려하는 것이다. 그들은 문제에 관한 논의를 시작한다 하더라도 다른 사람의 반응을 다루는 법에 대해 걱정한다. 그들은 문제아로 비춰지는 것을 원치 않지만, 벗어날 수 없어 보이는 구덩이에 빠져 있는 자신의 모습을 발견하게 될 것이다. 그들은 종종 솜씨 좋은 의사소통가가 되기를 원하지만 운 좋은 소수만이 타고난 재능이라는 신화에 갇혀 끙끙거리고 있다. 끝내 문제를 정신병적으로 해결하는 경우에서조차, 나는 상처를 입히려는 사악한 소망보다 불안과 무지가 더 뚜렷한 이유라고 믿고 있다.

최악의 공격자들은 인생에서 결코 적용할 필요도 없고 단 한순간도 인간 상호 간의 기본적인 기술이나 스트레스, 감정, 갈등의 관리에 사용되지 못했던 일로 시간을 허비했던 교육 시스템으로부터 성장한 것이다.

직장 동료와 잘 지내는 방법

우리는 '인적 요소'에서 좋아질 수 있으며, 그 결과 성공적이고 행복해질 수 있다.

당신이 현재 경험하고 있는 문제를 일으킨 당사자라면 무엇을 하겠는가? 우리는 자신이 어떤 문제의 원인이라고 생각하고 싶어하지 않는다. 하지만 우리 모두는 '인적 요소'에서 좋아질 수 있으며, 성공적이고 행복해질 수 있다는 것은 단순한 진리다.

다른 사람들에게서 최선을 이끌어내는 방법이 있다. 이론상으로는 단순하게 들릴지 몰라도 사람들은 이 방법을 실천함으로써 개선할 수 있다.

방법 1_ 사람들의 일하는 방법 이해하기
방법 2_ 훌륭한 의사소통 기술
방법 3_ 완벽한 매너에 이르는 빠른 길.

방법 1_ 사람들의 일하는 방법 이해하기

섣부른 지식은 위험하다. 사람들의 일하는 방법을 이해하는 데는 약간의 이해와 관용이 필요하다. 함께 일하는 사람들과 잘 지내려고 함으로써 직장의 지뢰밭이 어디인지를 밝혀낼 수 있다.

사람에 대한 이해는 무엇보다 사람이 지극히 복잡하고 예측하기 어려우며 개별적이기 때문에 엄밀한 과학이 될 수 없다. 우리는 서로 다르지만, 또한 공통분모를 갖고 있다. 여기에 일에서 곤란한 상황을 타개하는 데 도움을 줄 수 있는, 상당히 유용한 몇 가지 방법들이 있다.

사람들은 멋지다_ 이러한 가정에서 시작하는 것은 당신에게 도움이 된다. 이러한 가정은 정확하지 않을 수도 있다. 사람들의 좋은 성품에 호소하라. 통상적으로 이러한 성품은 전염된다. 당신이 사람들의 재능에 대해 공손한 자세로 접근한다면, 작은 기적이 일어날 것이다. 반대로 당신은 대부분의 사람이 당신에게 공손하게 대하고 놀랄 만큼 도움이 된다는 것을 알게 된다. 아니면 무례하게 굴고 경멸하라. 반대의 '기적'을 볼 것이다.

사람들은 실수를 한다_ 일부러 비열하게 굴거나 일을 망치는 훼방꾼은 참으로 적다. 보통 사람은 최선을 다하고 일을 올바르게 진행시키고자 한다. 선한 의도의 노력과 인간적인 실수는 쉽게 용서할 수 있으며, 우리의 학습을 도와준다. 반복적이고 유해하며 사악한 실수와는 다른 문제다.

사람들은 분노와 공포, 슬픔과 기쁨을 경험한다_ 우리는 모두 감정을 갖고 있다. 정서는 사람마다 극히 다르게 나타나며 이러한 정서를 야기하는 원인도 다를 것이다. 대부분의 사람은 유머 감각을 갖고 있다. 물론 이러한 감각은 여러 가지로 포장되어서 나타난다. 누구도 건물에 들어갈 때처럼 자신들의 정서에 자물쇠를 채우지 않는다.

사람들은 희망과 꿈을 가지고 있다_ 시간을 갖고 사람들의 이야기를 들어보면 당신은 그들의 관심, 재능, 체험과 야망이 엄청나게 변화했음을 발견하게 된다. 우리는 여러 가지 다른 일들로 동기부여를 받고 고무된다. 당신은 자신의 목표를 갖고 있을 것이다. 다른 사람의 희망을 존중하고, 그것을 가만히 놓아두는 편이 현명하다.

사람들은 사물을 다르게 본다_ 우리는 동일한 사물을 똑같이 볼 수도 있다. 하지만 나의 뇌리를 때리는 이미지는 당신을 때리는 이미지와 같지 않다. 이는 우리가 각자 다르게 반응함을 의미한다. 또한 사물을 각기 다르게 기억함을 의미하기도 한다. 인생이 흥미로운 것은 우리의 기억들이 완전하지 않다는 점이다.

사람들은 사물들에 대해 생각하고 좋은 결정을 내리고자 한다_ 그들은 당신과 다른 결정을 내릴지도 모른다. 그 결정과 삶은 그들에게 의미가 있다. 그들은 평생의 경험에 대해 상담하고 있으며, 자신의 필요와 욕구에 부합하도록 경중을 따진다.

사람들은 그들 자신의 삶의 영웅이 되고 싶어한다_ 당신의 대부분 동료들은 자신이 자랑스러워하는 사람을 갖고 있다. 그들은 통상 사랑하는 사람의 눈에 영웅이 되고 싶어한다. 책상 앞의 아이들 사진을 보며 "못난 놈 같으니, 안 그래!"라고 말하거나, 개인적인 삶이나 사랑하는 것들에 대해 불필요한 말을 하는 태도는 좋지 않다.

사람들은 인정과 관심을 좋아한다_ 사람들은 일을 하면서 주목받기를 좋아하며 그들이 하고 있는 일에 대해 알려고 한다. 절대다수의 사람들은 무엇이 이루어지고 있으며, 자신들의 노력이 좀 더 큰 그림에 어떻게 기여하는지를 알고 싶어한다.

사람들은 연결되어 있다는 느낌을 좋아한다_ 우리는 누군가 혹은 어떤 집단과 연결되어 있다는 느낌을 좋아한다. 또한 다른 사람들과의 공통분모를 찾는 것을 좋아한다. 쑥덕공론하다가 쉽게 파벌도 형성한다.

사람들은 거절되고, 굴욕을 당하고 곤경에 빠지는 것을 싫어한다_ 우리는 보통 새로운 일을 배우는 것을 즐기며, 그 과정에서 얼간이 취급받고자 하지 않는다면 매우 쉽게 배울 수 있다. 파괴적인 비판이나 조롱은 사람들을 흥분시키며, 부끄러워하던 일도 하게 만든다. 우리는 조롱과 고통을 아직 느껴보지 못했거나 그 결과를 보지 못했기 때문에 그것이 손해를 끼치지 않는다고 어리석게 생각할 수 있다.

사람들은 어느 정도의 통제를 좋아한다_ 우리는 자신의 삶과 처해 있는 상황을 통제하기를 좋아한다. 이를 통해 우리는 무엇인가를 상실했다거나 자신의 허락 없이 어떤 것이 사라졌다는 느낌을 어느 정도 피할 수 있다. 급격한 변화나 불안은 미지의 것에 대한 두려움과 통제 상실이란 느낌을 가져온다. 떠밀리고 들볶인다는 느낌이나 아무런 선택도 할 수 없다고 믿는 데서 스트레스가 유발될 수 있다. 이는 대단히 중요하다.

당신은 주위 사람들보다 나을 것도 못할 것도 없다_ 우리는 폄하되는 데에 대해 자연스럽게 불쾌감을 갖는다. 우리는 능력, 부, 물리적인 힘이나 재능에서 평등하지 않다. 하지만 당신은 함께 일하는 사람들보다 더 좋거나 높거나 강하지 않다. 또한 사람들보다 낮거나 가치가 떨어진다거나 중요하지 않지도 않다. 그러므로 사람들과 말할 때 공대하거나 하대하지 말라. 존경과 훌륭한 매너의 유머 감각을 가지고 평등하게 이야기하라.

당신은 언제나 이 일반적인 모습과 모순되는 사람을 발견할 수 있지만, 사람들을 대할 때 이것들을 염두에 두면 직장 생활에서 슬픔과 짜증을 줄일 수 있다.

또한 이 점을 명심하라. 누군가가 '나쁘게' 행동할 때, 이는 한 가지 혹은 여러 가지가 어떤 식으로든 잘못되었기 때문이다. 사람들은 통제 상실의 느낌을 가질 것이다. 그들은 어떠한 인정도 받고 있지 못할 것이다. 그들은 당신이 이해하지 못하는 무언가에 대해 불쾌해하고 있을 것이다. 이것들이 그들의 행동을 변명해주지는 않지만, 당신이 행동 이면의 원인을 파악하는 데 도움이 된다.

이와 같은 항목을 단번에 읽고서, "나도 그렇게 느껴. 나는 사람들이 나를 똑같이 대해주기를 바란다"고 말하기는 대단히 쉽다. 하지만 당신이 함께 일하는 사람들을 어떻게 대하고 있는지를 생각해보라.

방법 2_ 훌륭한 의사소통의 기술

완벽한 의사소통가는 존재하지 않는다. 의사소통은 끊임없이 재고再

考를 필요로 하는 기술이다. 하지만 기본을 다듬고 다른 사람과 잘 지낼 수 있도록 노력하면 놀랄 만큼 개선된다. 당신은 언제나 의견 차이를 경험하겠지만, 경청하고 서로 차분히 이야기한다면 아마게돈으로 추락할 필요는 없다.

경청하라_ 훌륭한 경청은 다른 사람과의 대화에 집중함으로써 그들이 말하는 바를 진정으로 이해하려고 노력하는 것이다. 훌륭한 청자는 자신의 목소리를 낮춘다. 이는 자신을 억제해 말하고 싶은 욕망을 억누르는 태도를 의미한다. 훌륭한 경청은 다른 사람과의 대화에 집중함으로써 그들이 말하는 바를 진정으로 이해하려고 노력하는 것이다. 하지만 이는 보기 힘든 기술이다. 우리는 종종 머릿속에 다음 문장을 짜 맞춘다. 다음 문장이 머릿속에 담아두기에는 너무 멋진 말이라는 생각이 든다면, 우리는 심지어 첫 번째 기회를 중단하거나 건너뛰어야 할 것이다.

'적극적인 경청'은 때로는 관심을 표명하기 위해 동의하는 대답이나 몸짓을 한다는 것을 의미한다. 그것은 휴지休止를 편안하게 받아들이고 빈 시간을 채워야 한다고 느끼지 않는다는 것을 의미한다.

사람들은 상대방이 자신의 얘기를 경청하는 것을 좋아한다. 그것은 멋진 방식의 인정이다. (반대로 무시되거나 중단된다는 느낌이 들 때, 우리는 짜증을 낸다.) 훌륭한 경청은 개방적이고 정직한 느낌이 들게 한다.

야망이 있는 사람을 위한 팁—당신이 훌륭한 청자라면 사람들은 당신이 지혜롭다고 생각한다. 영리한 사람은 말을 아끼면서도 더 많은 것을 말한다(無言의 言). 옛 경구를 빌리면, "다 털어놓아 모든 의심을 제거하기보다 침묵을 지켜 바보로 생각되는 편이 더 낫다".

질문 적절한 질문과 적절한 때에 상대방의 견해를 요약하는 논평도 당신이 집중하고 있다는 것을 보여준다. 영리한 소통가는 질문을 하는 사람이 대화의 진정한 주재자라는 사실도 알고 있다. 서로 다른 유형의 질문들 사이를 넘나드는 방법을 안다는 것은 영리한 소통가들의 기술 가운데 하나다.

개방적인 질문은 사람들에게 이야깃거리를 끌어낸다. "이 문제를 다룰 최선의 방법이 무엇이라고 생각하십니까?" 이런 질문들은 사람들이 마음을 여는 데 큰 도움이 된다.

폐쇄적인 질문은 한 마디의 답변을 요구한다. "당신은 고객에게 이야기 했습니까", "당신이 아니에요?" 이는 다른 사람의 입을 막으려 하거나 이야기의 초점이 흩뜨려질 때 유용하다.

짚어보기 식의 질문은 다른 사람이 말했던 것을 따라가는 방법이다. 이는 더욱 많은 정보를 묻는다. "왜 당신은 그렇게 느꼈는가?" 이런 질문은 대화를 계속 열어놓고 관심을 보이기 때문에 중요하다. (엄중한 문초를 받고 있다고 느낄 경우 그들은 맞불을 놓을 수도 있다.)

영리한 소통가는 속임수의 유도 질문을 피한다. 그들은 자신이 암시한 답변으로 사람들을 몰고 간다. 일은 텔레비전의 법정 드라마가 아니다. 우리는 대화에서 사람들을 함정에 빠뜨리거나 괴롭히는 일에 관심이 없다.

동시다발의 질문은 큰 부담을 주기 때문에 사람들은 어디서부터 답변을 시작해야 할지를 모른다. "당신은 왜 여기서 일하게 되었으며, 지난 5년 동안에 누구를 위해 일했고, 고용주의 좋았던 부분은 무엇인지 말해보세요." 이같은 동시다발의 질문은 듣는 이로 하여금 산만하게 해 "미안하지만, 질문이 뭐죠?"라고 되묻게 한다.

수사적인 질문은 답변을 요구하지 않는다. 왜 그들에게 묻지요? 그러한 질문은 다소 유머와 드라마적 요소가 있다. 하지만 다른 면에서 보면 대화를 끊기게 하는 면도 있다.

당신의 몸과 목소리를 의식하라_ 우리가 사용하는 말들은 전달되는 메시지 전체에서 극히 적은 부분을 차지한다. 사실 말의 의미는 눈 맞춤, 자세, 몸짓과 미묘한 움직임 등의 몸짓 언어와 상충됨으로써 사라질 수 있다. 메시지는 말의 속도와 높낮이, 성량, 억양, 중요하게는 음색을 바꿈으로써 완전히 달라질 수 있다.

몸짓 언어와 음색은 메시지를 전달하는 데 중요한 부분이다. 이는 다른 사람들로 하여금 종종 말의 본뜻을 오해하는 이유가 되기도 한다. "말보다는 행동으로 크게 말하라."

예를 들어 어떤 고용주가 "'이봐요'라고 항의한다면, 나는 '좋은 아침이에요'라고 매일같이 그에게 말한다. 나는 그들이 언제나 문제를 갖고 나에게 올 수 있다고 말하는 것이다!"

하지만 그의 팀이 말한다. "좋아요. 하지만 그는 컴퓨터 화면에서 눈을 떼지 않은 채, '좋은 아침'이라고 투덜거리듯 대꾸하고, 또 언제나 문은 열려있다고 말하지만, 당신이 말할 때마다 지겨워하고 짜증난 듯 보인다."

그것은 당신이 말을 했던 방식이다.
왜 당신은 그처럼 이야기했는가?

당신은 진정으로 나에게 무엇을 말하려고 했는가?
진정으로 의미한 것이 무엇이라고 생각하는가?

이는 말이 중요하지 않다는 것을 의미하지 않는다. 하지만 당신이 무언가에 대해 명백히 하고 싶다면, 당신의 태도와 목소리가 메시지와 어울리도록 하라.

책임지기_ 훌륭한 소통가는 메시지를 명확하게 이해시키는 것이 자신에게 달려 있다는 사실을 알고 있다.

그들은 사람들 앞에서가 아니라 사람들과 더불어 이야기한다. 아이디어와 기여를 요구한다. 질문을 환영한다. 실수했다거나 개선의 여지가 있다는 사실을 인정한다. 명백히 의사전달을 했다고 느낄지라도 혹시 있을지 모를 혼동에 대해 설명한다.

훌륭한 소통가는 사람들이 왜 잠자코 있는지를 생각하면서 가만히 앉아 있지를 않는다. 그들은 주도권을 쥐고 대화를 시작한다. 상대가 누구인지 모를 경우에는 자신을 소개한다.

훌륭한 소통가는 사람들이 이야기하고 싶어하는 바나 문제에 대해 그들이 어떻게 느끼는지를 찾아냄으로써 눈높이에 다가설 것이다. 그들은 다른 사람이 이야기하도록 만드는데, 이는 종종 텔레비전에 등장하는 면담에서 보듯 간단한 문제는 아니다.

갈등을 건설적인 수준으로 유지하라_ 당신은 다른 사람들에게 동등하고 유연하게 이야기하면서 조용히 있음으로써 상황에 도움이 될 수 있다. 나는 단호한(assertive)이란 말이 오용되고 남용되는 것을 우려한다.

1980년대의 단호함 훈련이란 때때로 다른 사람들에게 큰 소리로 외치며 무례하게 주의를 끌거나 뼈아프게 비판하는 등의 '정직한' 흰소리를 하는 것이 단호하다고 생각하면서 사람들을 직장으로 복귀시키는 것이었다.

작업 라인을 따라 행진하고, 복도에서 진로 방해를 하며, 수많은 사람들이 공격에 가담한다. 소리를 외치고, '공격적인 심성'으로 일을 하며, 투덜거리고, 따로 떨어져서 폭발적인 감정을 허비하는 따위는 단호함의 징표가 아니다.

단호함이란 사람들에게 알아듣도록 이야기함을 의미한다. 두려워하고 무기력한 양 그들을 공대하거나 하대하지 않고, 자신의 무게를 실거나 당신이 잘 알고 있음을 함축하는 태도다. 그리고 다른 사람이 필요로 하거나 원하는 것을 경청하고, 문제의 해결책을 찾으면서 자신이 필요로 하거나 원하는 바를 말하는 태도다.

단호함이란 또한 정직을 의미한다. "코에 종기가 났네!"라는 식의 정직이 아니라, 상황에 어울리게 직선적이며 재치 있는 말을 뜻한다.

우리는 의사소통의 스타일을 바꾸는 데 관심을 갖지 않을 수도 있다. 하지만 이러한 스타일을 바꾸지 못할 경우, 우리는 매우 지겨워하거나 대단히 경직될 것이다. 우리는 파티장보다는 장례식장에서 분명히 다르게 말하고 행동한다. 우리는 팀에 대해 열광하거나 아이를 달래듯 동료에게 말하지는 않을 것이다.

어떤 스타일은 일을 할 때 유익한 반면, 또 어떤 스타일은 기회를 가로막을 것이다. 공격적이고 화내고 밀어붙이는 태도가 능사는 아니다. 투덜거리고 파괴적인 행동을 하고 화내며 짓궂게 하는 것이 능사는 아니다.

웃고 즐거워하고 창조적이고 활동적이고 열정적이고 사람들에 대해 개방적인 태도를 지니는 것이 좋다. 웃지 않는다면 직장 분위기는 음울할 것이다. 하지만 조심하기를, 지나치지는 말라! 잘못할 경우 사무실의 어릿광대가 될 수도 있다. 사람들은 당신을 존경할 수도 있겠지만, 과제를 마무리하거나 일을 진지하게 취급하거나 시급한 문제를 다루지 못할까 우려할 수도 있다. '재미' 는 다른 사람을 희생시키면서 얻는 것이 아니다. 사람들을 조롱하거나 당황하게 하는 행동은 '재미' 가 아니다.

다른 사람에게 버팀목이 되고 지도를 하고, 경청하고 안내하는 일은 좋다. 아무도 관심을 보이지 않거나 경청하는 법을 알지 못한다면 어떤가? 현실적인 문제를 경험하는 사람에게 우리가 적절히 반응하지 못한다면 어떤가? 하지만 되풀이 말하는데 조심하라, 너무 앞서가지 말라! 다정하지만 부드러운 태도로 사람들을 하대하지 말라. 당신이 간호사나 아이들의 교사라면 친절하고 유쾌하고 조심스러운 태도가 어울리겠지만, 성인들과 일하는 직장에서 그것은 짜증나게 할 수 있다. 특정 상황에서 당신이 사람들을 '배려' 할 수는 있지만, 마치 그들의 무릎에 반창고를 붙여주기 위해 보내진 수호천사처럼 보이게 해서는 안 된다. 사람들은 하대받는 것을 싫어한다. 그런 일이 공격적인 방식으로 이루어질 경우, 그들은 금방 허리를 뻣뻣이 세울 것이다. 또한 그런 일이 선심 쓰듯 이루어질지라도 역시 화를 낼 것이다.

전문가로서 품위를 유지하며 조용히, 그리고 상황에 초점을 맞추고 부드러움을 유지하는 것은 좋다. 의심하거나, 대하기 어려운 사람과 함께 있을 경우에는 가능한 한 조용히 있으면서 천천히 말하라. 이 같은 '어른스러운' 태도가 당신을 곤경에서 빼내줄 것이다. 질문하고 해결을 위해 일하는 것은 분노로 혼란해진 상황에서 벗어나게 해줄 것이다. 지금은 재미를 느낄 시간이 아니다. 지금은 지지를 하고 안내할 시간이 아니다. 오히려 분별하고 전문성을 갖출 시간이다. (주변에 사람이 없을 때는 긴장을 풀어라!) 조용한 태도는 다른 사람으로 하여금 대신 게임을 진행하게 하는 것인데, 이는 대단히 자제심이 강해 보인다. 그리고 그런 태도를 하나의 습관으로 만들어라. 고도의 전문성이 있는 사람은 이를 자연스럽게 행한다.

뛰어난 소통가는 질문을 도구로 사용하고, 사람들의 몸짓 언어와 목소리에 주목하며 책임을 지면서 효과적으로 경청한다. 단호하고, 조용하며, 유연하고, 예민한 태도는 언제나 도움이 될 것이다. 하지만 이러한 태도는 학습될 수 있고 실행해야 할 기술이라는 자세에서 출발한다.

당신이 이 기술을 적용해 사람들이 예측 불가능하다는 사실을 받아들이고, 또 당신이 늘 완벽할 수만은 없다는 점을 이해한다면 당신은 뛰어난 소통가로 판명날 것이다.

사람들이 당신에게 "그녀는 누구든지 편하게 대할 수 있어", "그는 누구하고든 어떤 대화라도 할 수 있어", "그는 사람들이 집중하도록 만들어." 심지어 "당신은 어떻게든 올바른 일을 이야기하고 행한다"라고 말한다면, 당신이 훌륭한 매너를 갖추었음을 의미할 것이다.

방법 3_ 완벽한 매너에 이르는 빠른 길

에티켓 안내서에는 냅킨을 접고, 결혼 초대장을 보내고, 테이블 위에 잔을 놓는 법에 대한 조언이 많다. 하지만 이러한 책은 현대 직장에서 제기되는 문제들을 다루는 데 거의 도움이 되지 못한다.

오늘날 휴대전화나 이메일 같은 의사소통 수단의 발달 계획이 공개적으로 이뤄지고 수많은 절차들을 간소화한 상황에서는 당신이 간결하면서도 효율적인지 혹은 퉁명스럽고 공격적인지 여부를 알기란 어렵다. '무지한 돼지'로 낙인 찍히기를 좋아하는 사람은 대단히 적지만, 자신도 모르는 사이에 이런 오명을 달고 다니는 사람은 의외로 많다. 사람들이 이런 사실을 안다면 당연히 굴욕감을 느낄 것이다.

열심히, 그리고 빨리 일할 때는 모든 단어와 의미를 고려하는 것이 불가능하다. 하지만 사람들이 당신에게 매우 긍정적으로 반응하게 할 매우 유용한 규칙들은 존재한다.

⋯▸ 아무리 바쁘더라도, "미안하지만", "감사합니다"라는 말을 잊지 말라. 이러한 말들은 큰 효과가 있다.

⋯▸ 다른 사람들과 함께 일할 때, 상대방의 호의나 기여를 인정하고 적절한 곳에서 믿음을 주라. 뭔가를 부탁할 때는 정중하게 요청하라. 문제나 실수에 대한 사과와 인정하는 태도는 큰 기쁨으로 이어진다.

⋯▸ 과제를 마무리하기 위해서는 기다리고 그것을 남에게 미루지 말라. 도움을 요청받지 않았어도 지원할 수 있는 방법을 알고 있어라.

⋯▸ 사람들의 공간을 존중하고 간섭이 필요할 경우 "미안합니다"라고 말하라. 사람들이 일할 때는 너무 큰 소리로 말하거나 소음을 내지 말라.

⋯▸ 대화를 경청해야 하는 곳에서는 휴대전화를 사용하지 말라.

⋯▸ 지위를 이용해 명령하지 말라. 모든 이들을 존중하는 마음으로 대

하고, 또한 존경을 받도록 하라.

⋯▶ 매번 맹세하려 하지 말고 적절한 경우를 위해 예비해두라.

⋯▶ 앎에 편견이 없도록 하고, 기간에 주목하며, 칭찬은 성실하고 적절히 하라.

⋯▶ 모르는 사람과 대화를 시작하고 그 사람의 관심에 이야기의 초점을 맞춰라. 질문을 하고 관심 있는 체하라.

⋯▶ 모든 사람에게 '안녕', '좋은 밤'이라고 말하거나 어떤 식으로든 주변의 사람들에게 감사하는 뜻을 표하라.

⋯▶ 회의 시간에 맞춰 도착을 하고 늦었을 때는 사과하라.

⋯▶ 게임에 몰두하거나 혼자 튀어 보이려고 하기보다는 아이디어를 내고 사람들의 말을 경청하라.

⋯▶ 모든 사람에게 답례를 표하고, 자신을 소개하라. 악수를 하거나 '감사합니다'라는 말로 대화를 끝맺어라.

⋯▶ 알 만한 가치가 있는 이메일, 메모 및 텍스트와 관련해 단순한 규칙을 준수하라. 말하고 싶지 않다 하더라도 문서로 보내지는 말라.

당신이 '무지한 돼지'라는 꼬리표를 달고 싶다면, 사실상 어려운 일도 아니다. 다음과 같이 간단하고 빠른 기술들을 시도할 수 있다.

⋯▶ 다른 사람이 일하는 시간 양을 염두에 두지 말라. 그것은 당신의 세계에 들어맞지 않기 때문이다.

⋯▶ 무례하게 반응하거나, "목소리 좀 낮춰주시면 안 되겠습니까?"라고 정중하게 말하는 사람들을 조롱하라.

⋯▶ 누군가가 당신에게 말을 걸려고 할 때 책을 읽거나 키보드를 두드

리고, 귀에 바싹 전화기를 대거나 다른 곳을 보라.

⋯→ 말을 가로채거나 이야기하는 사람에게 말을 걸고, 들은 것을 신경 쓰지 말라.

⋯→ 회의 도중 휴대전화를 하거나 '너무 바쁘다'는 핑계로 회의에 일을 가지고 들어가라.

⋯→ 회의를 할 때 메시지를 전하는 전화를 하거나 '읽을거리'를 들고 들어가라.

⋯→ 회의에서 '편파적'인 대화를 하라.

⋯→ 당신에게 보내진 이메일에 대해 즉각 과잉반응을 하고 훨씬 공격적인 말로 잽싸게 답하라.

⋯→ 모든 일에 이메일을 이용하고, '자신의 알리바이를 세우기' 위해 늘 사람들을 걸고넘어져라.

⋯→ 조용한 대화를 하면서 시끄럽게 울리는 전화기나 휴대전화를 집어라.

⋯→ 다른 사람의 전화벨이 울려도 그냥 내버려두라.

⋯→ 전화기에 대고 '야?', '뭐라구?', '말해!'라고 답변하라.

⋯→ 정중하게 대화를 마무리하지 말라.

⋯→ 전화를 받으면서 키보드를 계속 사용하라.

랠프 왈도 에머슨은 "훌륭한 매너에는 희생이 많이 따른다"고 말했다. 좋은 매너는 덜 위법적인 길을 걷고, 먼저 움직이며, '감정을 억제하지 않고 시끄럽게 소리치고 당신 속의 유아가 원하는 것을 하라'고 하면서 머릿속에 맴도는 비명소리를 너그럽게 보듬어줄 준비가 되어 있다.

우리가 하는 행동들이 다른 사람들에게 상처를 줄 수 있다. 왜냐하면 우리 모두는 다른 행동 기준을 가지고 있기 때문이다. 확신하고 있지 않다면, 일반적인 기준에 맞춰 질문하라. 누군가 요청을 하면, 정중하게 반응하라. 당신이 화의 원인을 제공했다면―혹은 그렇게 했다고 믿는다면―사과하라.

만사가 힘들 때 무엇을 해야 하는가 6

"사람들은 일어난 사건으로 혼란을 겪는 것이 아니라, 일어난 사건에 대한 자신들의 의견으로 혼란을 겪는다."

_ 에픽테투스

자신을 변호하는 방법

갈등은 너무나 정상적이어서 갈등이 없는 직장이 오히려 이상할 지경이다. 사람들의 의견이 늘 일치할 경우, 이는 자신들을 변호하지 않고 있다는 것을 의미할 뿐이다. 우리는 사람들이 다르게 생각한다는 것을 알고 있다. 사람들이 의견을 내놓지 않는다면, 이는 아마도 그들이 두려워하거나 그렇게 하고 싶지 않기 때문이다. 어느 경우든, 이런 직장에 다닌다면 당신은 몰락의 징후를 안고 있다.

슬프게도, 어떤 관리자들은 사람들이 어려운 상황에 처했다는 나약한 생각을 버리고 자신들에게 동의한다면 능률을 올릴 수 있다고 생각한다. 당신과 동료들이 늘 동의한다면, 당신들 가운데 몇몇은 거기에 있을 필요가 없다.

갈등에 대해 적대적이거나 공격적 혹은 불쾌해할 이유가 없다. 조용한 대화에서 갈등이 하나의 정상적인 과정이 되어서는 안 될 이유가 없다. 많은 부분은 갈등에 대한 우리의 감정이나 상황을 관리하고 접근하는 방식에 달려 있다.

건설적인 갈등에서 모든 사람은 가능한 최상의 결과를 목표로 한다. 사람들은 서로의 생각에 기대고 가능한 곳에서 동의하며, 조용하고 합리적인 방식으로 의견의 불일치를 해결하려고 한다. 일반적으로 목소리는 정상적(혹은 조용한)이며 기여는 사실, 의심, 관심 그리고 질문에서 이루어진다. 유머와 열정이 환영을 받는다. 독선적인 교만과 공격은 그렇지 못하다. 지적은 화나게 하기보다는 생각을 자극한다.

모든 사람들에게 맞는 결과를 얻으려고 하는 것은 모든 이들을 불쾌하고 얼간이로 만드는 이론만큼이나 멋지지 못하다. 그것은 상식이다. 그것은 좋은 상업적 감각이 된다. 일반적으로 사람들은 갈등을 피하거나 벌충하기 위해 감정이나 의지가 깊어지는 것을 싫어한다.

관심이 있거나 화나 있을 때 변호하는 것은 해볼만 하다. 발전에 도움이 되거나 자기만족에 도전하는 것은 비즈니스를 활력 있게 유지해준다. 그것은 윤리와 가치를 옹호하고 부주의한 변화를 방지하는 방식이다. 당신이 믿고 있는 것을 위해 강하게 밀어붙여야 할 때가 있다.

어떻게 이 일을 하느냐가 중요한데, 파괴적인 갈등은 피할 일이다. 파괴적인 갈등에서 사람들은 '선한' 쪽이나 '악한' 쪽에 줄을 서려고 한다. 장기적인 효과나 다른 쪽의 필요와 요구에 대한 관심은 없다. 비난하고 일인 독주만이 존재한다.

파괴적 갈등은 개인적인 갈등으로 이어진다. 또한 '목소리가 가장 큰 사람이 이긴다'로 일컬어지는 게임으로 전락할 수 있다. 사람들은 거의 듣지 않으려 한다. 그들은 기회가 처음 주어질 때 바로 뛰어들 (때때로 다른 사람의 말을 가로채거나 흘려들으면서) 준비가 된 상태에서 반응을 늘어놓고 있다. 파괴적인 갈등에서 듣고 생각하는 것도 오로지 '다른' 쪽을 파괴하고 사실들을 부정하며, '이기는' 데 도움이 되는 정보를 개진할 목적으로 수행될 수 있다. 이러한 태도는 지극히 위험천만한데, 최상의 해결을 찾기 위해서는 모든 정보가 필요할 것이기 때문이다.

파괴적인 갈등에서 사람들은 승자와 패자가 존재할 것이라고 생각한다. 그러면서 자신들은 패자가 되고 싶어하지 않는다. 슬픔과 후회가 큰 상태에서는 장기적으로 볼 때 누구도 승자가 될 수 없다. 이런 가운데 사람들은 주된 목표인 사태의 개선에는 눈을 감아버린다.

어떤 사람들은 실쭉거릴 것이다. 어떤 사람들은 팀이 너무 세부적인 사항에 매달린다고 믿으면서 초점을 맞추지 못하는 것에 대해 화낼 것이다. 어떤 사람들은 묵묵히 참아내거나 게임에 열중할 것이다. 어떤 사람들은 얼굴을 붉히면서 낙담하며, 소수의 사람들은 개인 생활에 신경 쓸 것이다.

하지만 파괴적인 갈등과 관련해 최악의 사태는 시간과 돈, 에너지의 낭비다. 사람들이 전진하지 않기 때문에 발전을 희생시킬 수 있다. 또한 일을 혐오하도록 부추길 뿐 아니라 그릇된 이유로 일을 방치하도록 만들고 다른 사람의 노력을 훼방하며 자신의 노력을 막는 (다른 사람의 일을 방해함으로써) 원인이 될 수도 있다. 다시 말해 그들은 허공에 떠 있는 나쁜 감정으로 인해 병들어 간다.

파괴적인 갈등은 일을 사랑하기 어렵게 만든다.

147

파괴적인 갈등을 피하는 법

옳고 그르다는 것을 속단하지 말라

"좋아 기다려. (내 생각은 이렇지만) 그가 다르게 생각한다면, 둘 가운데 한 사람은 잘못임이 틀림없어!" 우리는 차이에 의해 매우 쉽게 위협을 받을 수 있다. 만일 우리가 옳을 경우, 다른 생각을 지닌 누군가는 틀렸을 것이라고 학습받았는지도 모른다.

우리는 올바른 결정이 있을 것이라고 가정한다. 우리는 모든 문제가 답을 갖고 있다고 가정한다. 우리는 하나의 답만이 존재한다고 가정한다. 우리는 모든 일에 양면이 있다고 생각한다. 우리는 잘못에 빠지지 않기 위해 마치 그것이 세상에서 가장 나쁜 일인 듯 터무니없이 깊이 들어갈 수가 있다. "당신이 옳아. 나는 그렇게 생각해보지 못했어." 자신이 늘 옳아야 하고 완벽해야 한다고 믿는 태도는 대단히 비합리적이다. 그것은 가능하지가 않다. 생존은 유연성과 적응에 달려 있다. 현명한 사람은 실수를 인정하고 그것으로부터 배운다.

일은 전쟁이 아님을 기억하라

비즈니스를 전쟁처럼 묘사하는 수많은 남성적 드라마가 우리의 나아갈 길을 왜곡한다 할지라도 비즈니스는 전쟁과 같지는 않다. 우리는 지나치게 많은 전쟁 관련 은유(심지어 중역 회의실을 '사령실'로 부르기도 한다)를 직장의 일상 언어 속으로 끌어들였다. 이를 통해 사람들은 어리석게 행동하고 대개는 생산성을 훼손하는, 불필요하고 혼란된 압력을 주입한다. "그는 킬러 본능이 없어", "나는 대원들에게 이야기할 필요가 있어", "전선", "회의에서 총알을 장전하고 있어", "전장으로 나가", "총구에 불이 나게 해", "절반은 안전장치를 하고 가".

전쟁 게임—장벽 타기, 공기총 쏘기, 군가 열창하기, 군복 입기—을 흉내 내는 훈련 프로그램들이 존재한다. 이것이 직장에서 건설적인 갈등을 해소하는 데 도움을 준다고 믿는 것은 무의미하다.

전쟁에서는 명확한 목표가 있다. 또한 기율과 복종, 명령이 중요하다. 적을 무력화하는 일이 가장 중요하다. 물론 전쟁으로부터 얻을 수 있는 주의 깊은 교훈이 몇 가지 있다. (전쟁에서의 큰 실책이나 '집단 사고'의 위험은 교훈을 얻을 수 있는 풍부한 원천이다!)

비즈니스란 장기간에 걸친 재정적 생존에 관한 것이다. 우리는 비즈니스에서 사람들이 우리와 거래하고, 우리를 위해 일하도록 만드는 관계나 명성을 만들어내고자 한다. 비즈니스는 적응하고, 계발하고, 자유롭게 거래하고 사람들을 다르게 생각하도록 격려하는 일과 관련되어 있다. 고객들은 구매를 강요당할 때 사업을 계속하려 하지 않는다. 고용인들은 질책이나 해고를 두려워할 때 사업에서 최선을 다하지 않는다.

전쟁에서의 대립은 비인간화를 초래한다. 적들이 인간이란 사실을 잊는다면 사람을 죽이는 일은 더욱 쉬워지기 때문이다. (오랫동안 직장이나 비즈니스 시장에서 이처럼 일해왔다.)

직장생활에서 다른 사람들을 비인간화한다면 우리는 스스로 비틀거리다 넘어질 것이다.

판에 박힌 갈등에서, 우리는 혐오하는 집단들에 별명을 지어내기도 한다. 이것은 시간과 노력을 허비하는 것이다. 조직은 병을 앓고 있다. 그러므로 사람들이 모이는 것에 제동을 걸 필요가 있다. 우리의 동료들이 적이 아니라 인간임을 발견하는 것은 결코 어려운 일이 아니다.

대부분의 사람들에게 일은 전쟁놀이보다 건물을 짓는 행위에 훨씬 가깝다. 비즈니스는 많은 창조자와 적은 파괴자를 필요로 한다. 또한 많은 생각하는 사람과 적은 수다쟁이를 필요로 한다. 우리는 직장에서 덜 경쟁적인 사람을 필요로 한다. 경쟁은 불행하게 하거나 생산적이지 않게 한다. 확실히 그것은 조용한 성취자들을 짜증나게 한다.

'좋은' 전쟁이란 결코 존재하지 않지만, 일을 하는 데 좋은 방법은 수없이 많다.

효력을 입증하는 데 공격은 필요하지 않다

「브로드캐스트 뉴스」라는 영화에서 홀리 헌터는 고참 관리자의 압력과 주시를 받으면서 스튜디오의 주차 안내소에서 전화기에 대고 소리 지르는 뉴스 프로듀서의 역할을 한다. 손님이 스튜디오로 들어오기를 학수고대하면서 그녀는 벌떡 일어나 신경질적으로 변한다. "해, 해, 해. 안 하면 너의 뚱뚱한 엉덩이에 불을 질러버릴 거야!"

중역이 등장해서 말한다. "저런, 그녀가 이렇게 잘할 줄은 생각 못했네!" 물론, 이는 영화일 뿐이다. 현실 세계에서는 누구도 화를 잘 내는 사람이 대단한 실행가라고 생각하지 않는다. 실제로 소음, 무례, 극적이고 지나친 행동이 결과를 달성하는 데 도움이 되는가?

몇몇 뛰어난 실행가들은 이처럼 행동할지 모른다. 하지만 매 순간 이렇게 행동하지는 않는다. 그들은 공격하는 사람들에게서 선의를 이끌어낸다. 그들의 가치를 인정하는 것이다. 그들이 오랫동안 이렇게 행동하고 다른 사람과의 협력을 지속하기 위해서는 엄청난 선의가 필요하다. 소음은 성과가 아니다. 휘파람은 기차를 움직이지 못한다.

잘 모르기 때문에 화를 낸다

"우리 모두는 머릿속에 있는 그림들―우리가 경험하는 세계가 실제 존재하는 세계라는 믿음에 사로잡혀 있다."
                                                    _ 월터 리프먼

이사를 하는 가운데 마분지 상자와 종이로 가득 찬 부엌에 새 요리기구가 작동에 필요한 연결 장치가 없는 상태로 배달됐다. 혼란에 빠진 내가 이삿짐센터 책임자에게 상황을 이야기했다.

그렇게 하자 그가 "이런 사람을 다루는 방법은 오직 하나예요. 이 ○○들아, 이 물건 도로 가져가. 안 그러면 네 ○○들의 팔을 분질러버리겠어"라고 큰 소리로 떠들어대기 시작했다.

난로가 작동하지 않을 것이라거나 개연성에 대한 최소한의 지식도 없는 상황에서 그는 이것이 결과를 얻을 수 있는 유일한 방법이라고 나에게 확신시켰다. 그 사람만이 그런 행동을 하는 것은 아니다. 공격이 최선이자 실행할 수 있는 유일한 선택이라고 생각하는 사람은 의외로 많다. 외쳐라. 비명을 질러라! 듣기 좋은 소리로 말하지 말라! 공격이 최상의 방어다. 먼저 얘기하라!

이는 그들이 배워 온 방법으로 불안스럽게 배우기보다 다루기 어려운 사람들'을 제압해버린다. 이런 방법이 통하지는 않는다.

그들에게 그의 '영향력 있는 전략'에 대해 이야기 한다면 나는 그의 첫 번째 언급이 이럴 것임을 예측한다. "이처럼 건설적인 갈등의 소재는 이론상으로는 대단히 훌륭할지 몰라도 현실 세계에서 과연 그럴까요."

현실 세계에서 사람들은 자신들이 원치 않는 한 당신과 협력하지 않는다. 만일 그들이 당신을 싫어한다면 협력을 원치 않을 것이다. 그렇다고 해서 그들이 갈등 상황으로부터 완전히 자유롭다고 말하는 것은 아니다. 갈등을 가능한 한 빨리, 그리고 자주 건설적인 수준으로 이끄는 것이 묘책이다. 그러기 위해 당신은 사람들을 이해하고 매너를 갖춘 훌륭한 소통가가 될 필요가 있다. 하지만 건설적인 갈등의 가치를 이해할 필요가 있으며, 구석에서 싸우기보다는 해결책을 내놓을 필요가 있다. 사람들이 구매하거나 약속하는 것의 가치를 이해하라. 시간이 허용되지 않는다면, 적어도 무엇이 진행되고 그들의 관심사가 무엇인지를 묻고자 하는 사람들의 요구를 이해하도록 하라. 그들은 대부분의 갈등을 안정되고 관리할 수 있는 수준으로 유지할 것이다.

불가능한 상황과 관련해서는 어떤가?

앞서 말한 모든 것이 계속적으로 실패할 경우는 어떻게 하는가?

인내심이 있고 유능한 사람들이 다른 사람들의 행동으로 인해 문제에 부닥칠 때가 있다. 이는 전혀 새로운 영역으로 유도한다.

당신을 폄하한다면 무엇을 해야 하는가

당신은 선택할 수 있다. 그가 누구이든간에, 직장에서 당신의 소임이 무엇이든간에 당신이 전혀 힘이 없는 것은 아니다. 하지만 좀 더 조직적으로 대응할 필요가 있다. 충동적인 폭발은 대단히 매력적일지라도 대체로 사태를 악화시킬 뿐이다. 행동하기 전에 생각하라.

몇 가지 정교한 문제들

문제를 불러일으키는 원인이 당신의 반응인가?

당신은 과잉 반응할 것인가? 여기에는 당신의 인생 경험으로 인한 대단히 개인적인 몇 가지 특수한 자극이 존재하는가? 이는 당신이 하고 싶어하는 방식이 잘못됐다고 말하는 것이 아니다. 하지만 때때로 그것은 왜 우리가 괴롭힘을 당하는지를 자문하는 데 도움이 된다.

당신의 일에 영향을 주는 심대한 문제인가, 단지 짜증나게 하는 문제인가?

당신은 이를 견뎌낼 수 있는가? 그것은 너무나 좋지 않아 당신을 비참하게 만드는가? 우리는 함께 일하는 사람을 좋아하거나 사랑할 필요는 없다. 하지만 우리는 생산적인 관계를 가질 필요는 있다. 적어도 당신은 함께 일할 수 있는가?

정확히 말해 이 문제가 당신의 일에 어떤 영향을 주는가?
그 영향은 입증될 수 있는가? 자신에게 혹은 당신이 신뢰하는 사람들에게 큰 소리로 말하라.─"그 사람의 행동은 ~하기 때문에 문제다."

이와 관련해 당신은 무엇을 했는가?
당신은 진정으로 이 사람에게 상황과 관련해 이야기해보려고 노력했는가? 그것이 매우 심각한 문제가 아니고, 또 스스로 해결할 수단이 전혀 없지 않는 한 문제 해결을 다른 사람에게 전가시킬 수 없다.

당신은 이 상황에 어떤 식으로든 기여할 수 있는가?
현재의 관계로 인해, 사람들이 당신에 대해 행동하는 방식은 대체로 당신이 그들에게 한 행동 방식에 의해 영향을 받는다. 당신은 그토록 불쾌하게 생각하는 것을 똑같이 행동할 수 있는가? 다른 사람은 이러한 행동을 당신으로부터 경험하는가?

이와 관련해 당신이 준비하고 있는 일은 무엇인가? 당신은 충분히 조심하고 있는가?
어느 지점에서 당신은 그 문제의 해결을 포기할 것인가? 당신은 떠날 준비가 되어 있는가? 당신은 있을 법한 격렬한 반응이나 다툼에 대해 준비하고 있는가?

좋다. 이제 당신은 "그들이 초조하게 만들고 있어!"라고 말한다면 좀 덜 조직적으로 대응하는 것이다. (개인적인 믿음을 둘러싼 논증은 직장에서는 존재하지 않는다. 동료의 성적 기호, 종교, 정치, 축구팀과 크림 치약의 선택은 개인적이다. 우리는 이러한 문제에 대해 알 필요가 없으며, 직장에서 그와 관련한 갈등에 개입해서도 안 된다.)

당신은 뭔가를 할지, 혹은 하지 않을지를 선택할 수 있다.

선택 1_ 뭔가를 하는 것

당신은 머리를 맞대기에는 '어려운 사람'과 부딪치거나 상대적으로 영향력이 낮은 길을 시도할 수 있다. 어떤 방법이든 먼저 생각하고 계획을 세울 필요가 있다. 갈등을 빚고 있는 사람과 이야기하는 것이 문제를 해결하는 데 가장 빠르고 가장 직접적인 길이 될 수 있다.

하지만 이는 큰 실패의 잠재적 소인이 되기도 하는데, 때문에 그것은 우리가 기피하는 까닭이 되기도 한다.

성공적인 해결의 기회를 늘려라

당신이 시간과 장소를 선택하라

그 사람에게 사적인 면담을 요청하라. 이러한 대화는 다른 사람들 앞에서 해서는 안 된다.

공격하지 말라

개인적인 비판이나 모욕적인 언사를 내뱉지 말라. "나라면 이렇게 말할 것이다"와 같은 비열하고 경멸적인 말을 사용하지 말라. 간단히 말해, 적대시하지 말라! 당신이 비열해지고자 한다면, 일을 공격하라. 왜냐하면 일 자체가 비열하기 때문이다. 상황을 정리하고 싶거나 당신이 생각하는 방식으로 누군가를 설득시키고 싶다면, 공격 행위는 좋지 못하다. 이 사람과 계속 접촉할 필요가 있다면, 비열한 말과 행동은 당신에게 되돌려져 늘 붙어다니게 될 것이다.

모욕은 그 순간에 당신이 자제력을 상실했음을 입증할 뿐이다. 어떤 경우이든, 직접적인 모욕이 사태를 어떻게 변화시킬 것인가? 우리는 말을 중단하는 행위에 동의하지 않을 것이며, 상처 주는 사람에게 거의 동의하지 않는다. 부정적인 태도는 단지 사람들에게 해서는 안 되는 것만을 이야기할 뿐이다. 공격하지 말라. 그것은 효과도 없다.

당신이 느낀 바를 말하라

대결하지 않고서도 상황에 대처할 수 있다. 느낀 바를 말하되, 조용히 하라. 그것을 연습하라. 반응이 어떨지를 상상해보라. 상대방이 동의하거나 큰 혼란이 중단될 수도 있을 것이다. 다른 사람의 말을 막지 말고 경청하라. 그들은 과거에 누구도 그렇게 말한 적이 없기 때문에 그것이 좋다고 생각할지도 모른다.

나는 한때 동료에게 내 복장에 대한 그의 일상적인 평가와 지적이 큰 힘이 된다고 말한 적이 있었다. 나는 동료가 무례하고자 한 의도가 아니었음을 확신했다. 그리고 나는 그의 옷에 대해 언급하지 않겠다고 말했다. 그는 무척 미안해했다.

당신의 경우를 당신의 견해로 제시하라

"당신은 ~하다"고 하기보다는 "나는 ~하게 느낀다"고 말하라. 그것이 사실인 양 말하지 말라. '다른 사람도 그렇게 생각해'라고는 결코 주입시키지 말라. 설령 다른 사람이 그렇게 생각한다 할지라도, 그러한 지적은 실제로 비열하고 아무 도움이 되지 않는다. 만일 다른 사람이 궁지에 몰렸다고 느끼지 않는다면, 그것은 전혀 위협적이지 않을 것이다. (그렇게 하는 것이 변화를 가능하게 하는 데 용이할 것이다.)

당신이 보고 싶어하는 변화는 무엇인가

무엇이 당신에게 문제를 야기하는 다른 사람의 행위나 말인가? 그들의 태도에 대해 이야기하지 말라. 당신은 태도를 알 수 없다. 인격에 관해 이야기하지 말라. 당신은 인격도 알 수 없다. 관찰 가능한 행동에 대해 이야기하라. 그 대신 당신이 알고 싶어하는 바에 대해 명백히 할 필요가 있다. 문제를 말한다고 해서 그들이 명백히 변화될 것이라고는 생각하지 말라. 만일 그것이 명백하다면, 그들도 그렇게 했을 것이다. 사람들이 변화를 하려고 할 때 당신의 지적은 목표를 염두에 두는 데 도움이 된다.

당신이 보고 싶지 않은 변화는 무엇인가

당신은 사람들이 좋은 습관을 버리거나 당신이 그들과 관련된 모든 것을 비판하고 있다고 느끼기를 원치 않는다. 당신이 그들의 행동에 대해 이해하고 있다고 이야기하는 것은 유익하다.

그것이 가능하겠는가, '당신은 그렇게 생각하는가'

당신이 원하는 바를 하나의 질문으로 진술해보는 것도 도움이 된다. 그것은 선택의 모양새와 선택의 자유를 갖고 있다. 당신은 사람들에게 무엇을 해야 하는지를 말하고 있지 않다. 당신은 하나의 제안을 하고 있는데, 그것은 전혀 다른 일이다. 조용하고 단호한 목소리로 전달된 질문은 폐쇄적인 모욕보다 훨씬 효과적이다. 질문은 사람들에게 생각하도록 해주는데, 아마도 반쯤은 답변을 갖고 있거나 자신들의 질문을 갖고 만나게 될 것이다.

> "세상에서 가장 변치 않는 것은 한 사람의 생각과 다른 사람의 생각 사이에 놓인 장벽이다."
> _ 윌리엄 제임스

당신은 다른 사람의 행동이 자신에게 문제를 야기했음을 주지시켜야 한다. 누군가가 당신을 위해 생각하도록 만들 수는 없다. 만일 당신이 경청했다면 그들 역시 당신의 말을 경청할 가능성이 높다. 당신이 그들의 의견을 고려했다고 믿는다면 그들 역시 당신의 의견을 고려할 가능성이 높다.

문제를 잠시 놓아두라

경청해준 것에 대해 감사하라. 문제를 잠시 놓아두라. 그들에게 생각할 시간을 주라.

먼저 단호하고 정중하게 접근하라. 처음에 성공하지 못했다면 다시 시도해보라. 그리하여 목소리를 다소 높여야 한다고 느낀다면, 정직하게 "나는 당신에게 이야기를 하려고 노력했습니다"라고 말하라. 이러한 접근 방법을 성실하게 사용한다면, 굳이 목소리를 높일 필요가 없을 것이다.

설령 큰일이 일어난다 하더라도, 적어도 당신은 시도를 해야 한다. 불길에 기름을 붓지 말라. 품위 있게 상황으로부터 몸을 빼라. 당신은 용감하기 때문에 용감하게 걸어나올 수 있다. 시도를 하는 편이 훨씬 낫다. 그 길에서 당신은 무언가를 배우게 될 것이다. 실패한 경험이라고 단정하기 전에 시간을 주라. 당신이 말한 것에 대해 다른 사람은 생각하고 있을지 모른다. 이는 시간을 필요로 한다. 하지만 당신은 변화가 시작되는 것을 볼 수 있다.

나쁜 상황과 관련해 무언가를 행하는 것보다 감수하면서 지치는 것이 더 쉬운가? 나는 언제나 행동하는 사람에게 갈채를 보낼 것이다. 그것이 용감한 선택이기 때문이다.

당신이 최악의 반응에 대비해 다른 사람의 변명을 볼 수 있다는 것은 대단히 놀라운 일이다. 그들은 자신들의 행동이 어떻게 당신에게 영향을 주는지를 깨닫지 못하고 있다. 대부분의 사람들은 직장에서 의도적으로 불행을 야기하려고 하지는 않는다.

늦지만 영향력 있는 길을 이용하라

우리는 다른 사람의 행동을 곧바로 변화시킬 수 없다. 하지만 시간을 두고 그 사람에게 영향을 미치는 일은 가능하다. 우리는 자신이 꾀하는 바를 이야기하지 않고서도 다른 사람의 행동을 변화시킬 수 있다. 첫째, 예를 든다. 둘째, 사람들이 올바르게 하고 있을 때 관심이나 '보상'을 한다. 예를 들어, 무례함이 문제돼 "미안합니다", "감사합니다"라고 말하기를 원한다면, 훌륭한 매너를 유지하는 것이 중요하다. 우리는 흉내 냄으로써 배운다. 따라하는 것만으로도 바람직한 효과를 낳을 수 있다.

그들이 "미안합니다", "감사합니다"라고 말할 때 미소를 짓고 "대단히 반갑습니다" 라고 말하라. 일반적으로 볼 때, 이러한 대처는 그들이 이 새로운 '기술' 을 계속하게 될 가능성을 높여준다. 간단하게 들리지만, 사실 그렇다. 이는 우리 모두가 훈련받고 학습받은 방식이다. 그것은 '학습' 이라고 불리며, 또한 우리의 많은 행동이 하나의 습관이 되는 방법이다. 우리는 보고 보상받은 대로 행하며 말한다.

대하기 '어려운' 사람이 하는 행동과 똑같이 한다면 전혀 변화가 있을 수 없다는 것은 두말할 나위가 없다. '행동은 행동을 길러낸다.' 만일 원하는 변화를 그들이 시도할 때 조롱하면서 빈정거리거나 부정적으로 행동한다면 아무런 변화도 없다.

어떤 사람들은 "얻은 만큼 주라" 고 충고할 것이다. 나는 그 말에 의문을 제기하겠다. 나라면 "당신이 얻은 것을 좋아하는 만큼 주라" 고 말하겠다. 많은 사람들은 "불에는 불로 맞서라" 고 충고한다. 내가 검증해본 결과, 그 방법으로는 불을 끄지 못했다.

사람들은 연줄을 찾고, 인정과 관심을 사랑하며, 조롱과 당황을 싫어하고, 다른 사람들이 자신에 대해 어떻게 생각하는지를 걱정한다는 사실을 기억하라.

이 모든 것을 종합해보면 당신은 변화라는 '연장통' 속에서 무엇이 작동하고 있는지, 무엇이 작동하지 않는지에 대한 단서를 얻게 된다.

선택 2_ 떠나라

살면서 아무런 희망을 보지 못할 때, 우리는 관계와 상황으로부터 스스로를 분리시키거나 상처를 준 사람과의 접촉을 끊어버릴 수 있다.

우리는 일을 떠남으로써 모든 관계를 청산할 수도 있지만, 좋은 상황을 종결시키고 싶어하지 않을 수도 있다. 당신은 대면하고 싶지 않다고 결정할 수 있다. 아마도 그것은 단기적인 문제일지 모른다. 당신은 떠날 계획을 세우면서 그것이 전혀 가치가 없다고 생각할 수도 있다. 다른 사람도 떠날 계획을 세우고 있어 기다릴 수 있다고 느낄지 모르겠다. 노력했지만 아무것도 이루어지지 않았을지 모른다. 그 상황에서 합리적인 일은 모두 시도했지만, 아무런 소득도 거두지 못했다.

전략을 모방하기

당신은 폭발 직전의 충동을 억제하거나 당신을 자극한 사람을 유쾌하게 묵살하는 데 도움이 되는 어떤 주문(mantra)을 필요로 하거나 전략을 모방할 필요가 있을 것이다.

여기에 '문제를 무시하는' 몇 가지 아이디어들이 있다.

"나를 파괴하지 못하는 것은 나를 더욱 강하게 만든다"

케이트는 '공포스러운' 상사를 위해 일할 때 스스로에게 이렇게 말하곤 했다. 상사는 그녀에게 머리를 들이밀고 다른 직원들이나 고객들 앞에서도 큰 소리로 욕을 퍼붓곤 했다. 잠시 후 그녀를 사무실로 불러서 "왜 나처럼 직원들이 움직이지 않아? 어떻게 나에게 전혀 묻지를 않지?"라고 외쳤다. 상사는 한밤중에 (비번 중에도) 그녀를 깨워 무거운 상자를 들게 했다. 왜 근무 중인 당신이 할 수 없냐고 물었을 때, "나는 이제 마흔 살이 넘었어! 내가 그 일을 할 수 있다고 생각해?"라며 소리 질렀다. 그는 책상 벽에 '누구에게 문제가 있는가?'라고 적은 쪽지를 붙여놓았다. 다른 직원이 그와의 면담을 걱정할 경우가 생기면, 그는 무뚝뚝하게 쪽지를 가리킨 뒤 문을 가리켰다. 마침내 케이트는 직장을 그만두고 말았는데, 이 '주문'이 그녀를 최악의 상황에서 벗어나게 해주었다고 말한다.

약간의 감정이입이 도움이 된다

다른 사람의 관점에서 당신은 어떻게 보이는가? 다른 사람의 인생과 비교해볼 때 당신의 인생은 어떤가? 감정이입이 그들의 행동에 대한 구실은 아니다. 하지만 마음을 가라앉히고 다른 사람들의 관점에서 볼 때 세상이 어떻게 보일지를 생각해보는 것도 가능하지 않은가?

비협조적이고 무뚝뚝한 행동으로 나를 심란하게 한 동료가 있었다. 어느 날, 나는 "그가 아기를 가질 수 없고 오랫동안 아버지의 빚을 갚고 있었으며, 병든 계모를 보살피는 일로 가정생활이 힘들다"라는 얘기를 동료에게서 듣고 그 사람에 대해 골똘히 생각했다. 거듭 말하지만, 그것이 '징계'의 경계선상에 있는 그의 행동을 용서하는 근거가 되는 것은 아니다. 하지만 나는 나 자신의 인생에 관해 생각했으며, 갑자기 내가 대단히 운이 좋은 사람이라고 느꼈다. 그 이후로 나는 그에게 전혀 화가 나지 않았다.

당위와 의무를 포기하라

세상에 대한 기대를 다소 관대하게 가져라. 물론 사람들은 특정한 방식으로 행동해야 하고 품위를 지켜야 하지만, 그렇게 하지 않고 있다. 부끄러운 일일지 몰라도 그런 일이 일어나고 있다. 괴로워하고 개탄하는 것으로는 세상을 바꾸지 못한다. 직장에서 규범이 파괴되고 있다고 강하게 느낀다면, 건설적인 이야기를 하고 변화를 향해 일하라. 그렇게 하고 싶지 않다면, 당위와 의무를 포기하고 당신 자신의 삶을 살아라.

"결코 돼지들과 싸우지 말라. 그들은 싸움을 사랑하고 있다. 당신은 그런 인간들 속에 파묻힐 뿐이다."

당신이 싸움을 피해야 할 사람들이 존재한다. 싸움은 그들이 원하는 바이기 때문이다. 그럴 만한 가치가 없는 싸움이 존재한다. 실제로 당신의 직장 생활에서 싸울 가치가 있는 대상이 얼마나 되겠는가? 무엇이 중요한지를 결정하라. 당신이 참으로 중요한 것을 알 때, 그것을 지키고 당신의 위치를 확고히 하라. 그 나머지는 멋대로 가게 그냥 두라.

약간의 시각을 견지하라. 시각은 비극이 아니다

다음 말을 스스로에게 하라. "나는 모든 사람들과 잘 지낼 수 없다. 이는 비극이 아니다." 당신의 직장 바깥에도 세계가 존재한다. 다른 것에 초점을 맞춰라. 논쟁해야 할 심각한 문제들로 고통을 겪고 있는 사람들이 있다. 그리고 거기에는 당신이 잘 지내야 할 사람이 존재한다.

초점을 전환하거나 웃어라

당신이 이것을 시도하기 위해서는 다음 일이 끝날 때까지 기다려야 할지 모른다. 하지만 행복한 기분이 들게 하는 사진 같은 '좋게 느껴지는' 것들에 초점을 맞춰라. 당신을 늘 기분 좋게 해주는 음악이 있는가? 당신을 웃게 해주는 읽을거리가 있는가? "나의 영웅은 무엇을 할까?"라고 자문해보라. 당신이 좋아하는 코미디언이 했을 법한 반응을 그려보는 것도 분노를 가라앉히는 데 도움이 될 것이다. 당신은 웃음을 선사하는 친구가 있는가? 당신은 그를 부를 수 있는가?

뭐가 문제야?

누군가가 당신에게 유별나게 행동한다면, 무언가 나쁜 일이 일어났으며 그 일이 일어났다고 느낄 수 있는 가장 가까운 사람이 당신이라고 스스로에게 말하라. 이는 어울리지 않는 행동이나 오직 '한 사람'을 향한 분노에 대한 훌륭한 전략이다. 상황을 알려고 할 필요 없이 비정상적이고 고립된 직원은 용서하라. "그들이 나에게 개인적으로 한 것 같지는 않아"라고 스스로에게 말할 수 있다면, 이는 당신에게 그들을 회피해 마음을 가라앉힐 수 있는 은총을 줄 수 있다. 그것은 또한 "괜찮아, 내가 도울 수 있을까? 당신은 정상인 것 같지가 않아"라고 물을 수 있는 기회를 제공한다.

당신은 무엇을 두려워하는가?

사람들은 무엇인가 잃지 않을까 두려워할 때 혹은 어떤 식으로든 궁지에 몰려 있다고 느낄 때 최악으로 행동할 수 있다. 동물은 궁지에 몰려 있을 때 가장 위험하다. 동물은 새끼를 보호하기 위해 공격하기도 한다. 이는 인간도 마찬가지다. 우리는 궁지에 몰려 있다고 느끼거나 우리에게 소중한 무엇이 위협받고 있다고 믿을 때 잘못 행동한다. 조용히 이야기하라. 대화할 때 사람들을 궁지로 몰기보다는 자신에게 끌어당기는 친근한 어조로 하라. 당신은 짖는 개를 볼 때 어떻게 걸어가는가? 이 답변을 충분히 생각한다면, 공격적으로 행동하는 사람들을 대했을 때 어떻게 해야 할지를 정확히 알 것이다.

감정이입보다는 다소간의 공감이 필요하다

대부분의 '나쁜' 행동은 질투와 부적절한 감정에서 나온다. 다른 사람이 동의해주기를 바라는 사람은 슬픈 사람이다. 다른 사람이 좋은 감정을 느끼게 하는 방법을 모르거나 직장을 즐거운 장소로 만드는 일에서 가치를 느끼지 못하는 사람은 슬픈 사람이다. 당신은 분노감을 동정심으로 바꿀 수 있다.

> "다른 사람의 고통을 느끼고 내가 본 단점을 감출 수 있기를, 남에게 베푼 자비가 나에게 돌아오네."
> _알렉산더 포프

행동을 무시하라

행동이 무시됨으로써 빗나갈 수 있다. 그 이유는 사람들이 주목을 받고자 하는 데 있다. 주목받지 못할 때, 사람들은 통상적으로 다른 것을 시도한다. 누군가가 당신의 옷깃을 끌어당김으로써 반응을 얻으려고 한다면, 곁을 주지 말라. 가능한 곳에서 불일치할 수 있는 접촉은 피하거나 최소화하라. 단순히 으쓱하면서 '뭐야'라고 행동하는 것은 더 큰 이득을 찾고 있는 사람들을 혼동시킬 수 있다. 으스대는 인간들은 이득이 없을 경우 포기할 수 있다. 무시가 늘 효과가 있는 것은 아니다. 때때로 당신은 더욱 강한 자세를 취해야 한다. 하지만 이는 처음 몇몇 경우에서만 시도하라.

> "무위의 위無爲之爲의 가치를 이해하는 사람은 극소수다. 내주는 것이 저항하는 것을 이기고, 부드러운 것이 강한 것을 이기는 것은 누구나 알고 있는 사실이지만, 그것을 활용하는 사람은 없다."
> _노자

나의 반응은 내가 결정한다

당신이 어떻게 반응할지를 선택하라. 다른 사람의 생각을 한 방향에서 영향을 미칠 수 없듯, 그들도 우리에게 강요할 수 없다. 극도로 싫어하는 사람들이 우리가 진심으로 염려하는 사람들 못지않게 영향력을 행사한다. 그들이 우리의 행동에 영향을 행사한다면, 그들은 그 힘을 입증한 것이다. 왜 나는 싫어하는 사람이 나의 생각과 행동에 대해 통제하기를 바라는가? 증오와 분노는 에너지를 요구한다. 다른 사람들에게 에너지를 소비하는 것은 경의의 표시다. 사랑의 반대는 무관심이다.

급하게 끓어오르다가 다른 쪽으로 옮겨가기

매우 재수 없는 날에는 감정을 발산하는 시간을 가져볼 수 있다. 당신이 어떻게 느끼고 무엇을 말하고 싶은지를 정확히 적어보는 것도 건강 유지에 대단히 도움이 된다. 하지만 그것을 낱낱이 분해해보라. 어떤 사람들은 다트 판에 만화를 그리고, 어떤 사람들은 펀치 백에 붙여진 사진을 사용하며, 어떤 사람들은 작은 부두 인형을 조각한다. 나는 이 방법들 가운데 어떤 것도 감정을 '극복하는' 방법이라고 부르지는 않겠다. 하지만 어느 정도 효과는 있다. 감정이 가슴을 떠나 종이 위로 옮겨졌을 때, "좋아, 그건 줄곧 내가 당신에게 주고 있는 거야! 당신은 충분히 에너지를 취했어"라고 말하라. 랠프 에머슨이 말했던 것처럼 "당신이 화나 있는 매 순간(분)에, 당신은 60초의 행복을 잃는다". 당신의 인생을 어떻게 보내고 싶은가? 화를 내면서 보내겠는가? 그것은 당신이 선택할 문제다.

당신이 신뢰할 수 있는 사람에게 급하게 소리쳐라

몇 년 전 좋지 못한 상황에서, 나는 근처에서 일하던 한 친구에게 전화를 하곤 했다. 내가 말한 것은 모두 "점심 먹고 싶어"였는데, 그녀는 내가 의미하는 바를 정확히 알고 있었다. 당신이 잘 아는 사람, 즉 조용한 성품을 가지고 당신이 때때로 고함치고 헛소리하는 것을 들어주는 데 개의치 않는 사람과 이야기하는 것만으로도 도움이 된다. (당신도 그들에게 똑같은 도움을 제공하는 것을 잊지 말라!)

언젠가 나는 이 문제를 돌이켜보고 웃을 것이다

이 순간과 이 사람의 행동의 의미를 축소시켜라.

어느 날, 나는 이 순간을 잊게 될 것이다.

이 사람은 60억 인구 중 한 사람이다.

이 순간은 내 인생의 하루의 조그만 부분이다.

이 감정은 지나갈 것이다.

사람이 아니라 그들의 행동이 문제다.

혹은 이렇게 해보라.

'이 모든 것은 내 인생의 시나리오에 등장하는 좋은 대화다.'

공동체 봉사상

이 방법은 당신의 멋진 경험을 서랍 속에 간직할 것을 요구한다. 이처럼 어려운 상황에 직면하는 다음 순간에 당신은 스스로에게 말한다. "어느 마을에서 바보 아이를 잃어버렸는데, 내가 그를 발견했다고 생각해봐. 나는 보상을 받을 만해."

나는 이 '주문'을 소리만 지르고 불쾌해하는 관리자에게 사용했다.

그 방법은 잠시 동안 효력이 있었다. 하지만 나는 보상 서랍에 점점 더 많은 초콜릿을 사서 간직해두었어도 마을이 결코 그것을 드러내려 하지 않았다는 사실을 깨달았다.

그것을 학습 경험으로 전환시켜라

갈등 해결의 방법을 배우는 것은 인생에서 중요한 기술이다. 관찰자의 모자를 쓰고 최악의 인간 행동을 연구하고 있다고 상상해보라.

얼마나 아름다운 세상인가

당신은 가능한 한 매우 낙관적이고 인간적인 관점을 취함으로써 문제 너머로 올라설 수 있다. '나는 다른 사람들이 보는 문제를 결코 볼 수 없지만, 우리가 그토록 다르기 때문에 세상은 훨씬 흥미롭지 않은가? 그러한 다양성을 갖는다면 우리는 행운아가 아닌가?

아, 미안합니다!

오랫동안 항공사 승무원으로 일했던 한 친구와 내가 업무에 관해 논의하고 있었다. 그녀가 말했다. '나는 네가 하듯 늘 화난 사람을 대할 수가 없어." 나는 놀랐다. "나는 너의 일을 감당할 수 없어. 나는 해결하기 어려운 문제에 대해 까다롭고 쩨쩨하게 굴며 버릇없는 사람들로 가득 차 있는 항공 업무를 할 수 없어." 그러자 그녀는 "아, 그건 쉬워"라고 말했다. "너는 금방 그 문제들에 익숙해질 수 있어. 찡찡거려도 신경 안 써. 너는 웃기만 하면서 '미안하지만, 손님, 무엇을 도와드릴까요?' 라고 말하기만 하면 돼. 혹은 '관심 갖게 해주어서 감사합니다' 라고 하면 돼. 그렇게 하는 것은 하나의 습관이야. '미안합니다' 라고 말하는 것이 비용이 드는 일이라고는 생각하지 마. 그들과는 개인적인 관계가 아니야."

나는 내 친구가 완벽한 매너를 가지고 있으며 결코 불성실하다고 할 수 없다는 것을 덧붙이지 않을 수 없다. 그녀는 끊임없이 유혹하는 것들을 극복하는 방법을 간단하게 알고 있었다.

노래하라!

"대부분의 사람들은 호미로 땅을 파듯 노래를 하거나 휘파람을 분다. 당시에는 야외에서 노래를 부르는 것이 상당히 많이 있었다. 일꾼들은 일할 때 노래를 불렀다. 말과 마차를 끄는 마부는 길 위에서 노래를 불렀다. 빵가게 주인이나 방앗간 주인, 푸줏간 주인은 한 집 걸러 노래를 불렀다. 심지어 의사와 목사도 일하면서 곡조를 흥얼거렸다. 사람들은 가난했으며 우리가 오늘날 가지고 있는 위안이나 오락, 지식이 없었다. 하지만 그들은 행복했다. 이런 것들은 행복이 상황이나 사건보다는 마음(아마도 신체) 상태에 달려 있음을 시사해준다."

_플로라 톰슨

나의 애창곡은 냇 킹 콜의 'Pretend'와 줄리 런던의 'Fly Me to the Moon'이다. 아주 나쁜 날에는 칼리 시몬의 'I Haven't Got Time for the Pain'을 부른다. 한 친구가 섹스 피스톨*의 'Never Mind the Bollcks'를 부르고 있다.

나는 상황을 극복하는 몇 가지 조언을 기술했다. 하지만 좀 더 많이 있다고 확신한다. 만일 빠르게 균형을 회복해서 그것을 잊어버릴 수 있다

----

* 도발적인 단어 'sex'를 사용해 반항과 분노, 기존의 모든 질서를 거부하는 '펑크 정신'을 대변하는 '펑크록'의 대표 주자.—옮긴이

면, 당신의 전략은 효과가 있다. 하지만 문제를 집으로 가져가서 그 문제가 당신을 깨어 있게 하거나 병들게 한다면, 그것은 효과가 없을 것이다. 더욱 직접적인 것을 할 시간이다.

일이나 건강이 고통받지 않도록 하라. 당신이 이러한 선택을 하기로 결정해 상황이 진행 중이라면 운동, 장난, 휴식이나 자신을 돌보기가 중요해질 수 있다.

태업

때때로 나는 사람들이 '앙갚음을 하기' 위한 재치 있는 생각들을 떠벌리는 소리를 들었다. 대체로 이는 일종의 태업이거나 치기 어린 복수놀이를 의미한다. 사람들은 그것이 '문제를 극복' 하는 데 도움이 된다고 말하면서 정당화한다. 하지만 이러한 행동이 시간과 에너지를 요구한다면, 그것은 눈먼 장님의 눈을 뜨게 하는 것이 아니다. 장난은 당신에게 어울리지 않는다. 이는 당신을 자극하는 삶과 같은 수준으로 당신이 떨어지고 있음을 의미한다. 놀이는 좀 더 나은 것을 필요로 하는 시점에 활용하라.

당신이 필사적으로 복수를 도모하고 있다면, 마르쿠스 아우렐리우스의 다음의 말을 고려하라. "닮지 않는 것이 최상의 복수다."

매우 화난 사람 앞에 서기

간디가 말했다. "당신이 옳다면, 화낼 필요가 없다. 당신이 틀리다면, 화낼 권리가 없다."

지혜로운 말이다. 하지만 당신의 동료나 고객, 관리자들이 자제력이라는 개념에 대해 깊은 이해를 공유하려 하지 않을 가능성도 높다.

누구든지 화낼 수 있으며, 화는 정상적이며 유용한 감정이다. 불행히도 사람들은 늘 자신들의 화를 잘 다스리고 있지 않다.

눈앞에서 화를 내며 거의 비난에 가까운 모습이 보일 때 그 사람의 화를 비껴갈 수 있는 몇 가지 공손하고 효과적인 방법이 있다.

약간의 도움을 제공하는 것에 대해 생각해보라. 상황을 분산시킬 수 있는 것

예를 들어 "괜찮아?", "내가 뭐 도울 일이 없어?"라고 묻는 것은 어조만 괜찮다면 빠르면서도 놀랄 만큼의 진정 효과를 가질 수 있다. 이러한 말은 성실해야 한다. (만일 그들이 당신에게 개인적으로 화를 내고 있다면, 이 말은 효과가 없을 것이다.) 그들에게 이야기할 장소를 제공할 수 있는가? 그들은 커피 한잔과 앉을 자리와 그에 대해 이야기하는 것을 좋아하겠는가? 이러한 제스처는 서툴게 보일지 몰라도 여러 가지로 최선을 다하고 있음을 보여준다. 당신이 커피를 뽑아 오는 동안에 이러한 제스처는 당신이 빠르게 생각할 수 있게 해준다. 이는 그들이 당신의 시간과 관심을 가질 수 있음을 말해주며, 또 이는 다른 직원이나 고객을 당황하게 만들 가능성을 줄여줄 것이다. 또한 필요할 경우 일종의 지원을 요청할 수 있게 해준다. 당신 손에 들려 있는 커피 한 잔을 보면서도 폭언이나 헛소리를 계속하기란 매우 어렵다.

"미안합니다", "당신이 옳을지 몰라요"라고 말하라

당신이 틀리거나 부분적으로 틀리다면, 어떤 식으로든 그것을 이야기해야 한다. 당신이 틀리지 않을지라도, 발생한 상황에 대해 "미안합니다", "당신이 그렇게 느낀 점에 대해 미안합니다"라고 말하는 것이 당신에게 해가 되는지 고려해보라.

당신의 말씨와 얼굴 표정이 어떤지를 주시하라. 당신이 눈을 부라리고 크게 한숨 쉬면서 말한다면, 상황을 더욱 악화시킬 것이다. 결코 엉덩이를 흔들고, 팔짱을 끼고 입술을 오므리면서 마치 그들이 얼간이인 양—설령 얼간이처럼 행동한다 하더라도—눈을 흘기지 말라. 당신은 늘 화난 사람의 감정을 이해할 수 있다. "나는 당신이 그 점에 대해 화내고 있다는 것을 알 수 있다." 이는 당신이 그들에게 동의하거나 후회하게 될 무언가를 약속한다는 것을 의미하지 않는다. 그것은 화를 내며 거기 서 있는 것보다 낫다.

상황을 전향적으로 끌고 갈 수 있는 질문을 하라

고객 서비스 전문가들은 이렇게 물을 것이다. "지금 어떻게 해주면 좋겠습니까?", "당신을 위해 이 상황을 어떻게 정리해줄까요?" 이러한 질문은 사람들을 진정하게 해 그들이 실제로 원하는 바에 대해 생각하게 하는 데 매우 유용하다. 그들은 사과를 요구하는가, 교체를 요구하는가, 혹은 환불을 요구하는가, 수리를 요구하는가? 사실성을 띠고 미래에 초점을 맞추는 대화는 화를 진정시키게 한다. 이러한 질문들을 통해 당신은 얽힌 뿔과 고함에서 벗어날 수 있다.

경청하고 조용히 있도록 하라

이러한 태도는 상대방을 세게 때리고 달아나려는 우리의 자연적 본능에 명백히 위배된다. 이러한 태도는 당연히 곤혹스럽고 위험하다. 만일 다른 사람이 경청하고 있다면 이처럼 곤혹스러운 감정도 증가할 것이다. 하지만 정상적인 사람은 아무런 이유 없이 화를 내지 않는다.

당신이 그들로 하여금 이 점에 대해 이야기하게 하고 상황을 해결하도록 할 수만 있다면, 혹은 몇 가지 도움을 얻을 수 있게만 해줄 수 있다면 그들은 잠잠해질 것이다. 화는 점진적으로 줄어들 것이며, 시간은 당신이 참아내기 어려울 정도로 천천히 진행될 것이다. 하지만 그것을 잘만 다스린다면, 당신은 지독히 화난 사람이 사과를 하고 우물쭈물하면서 "예, 그래요. 당신 잘못이 아니라는 것을 알아요", "미안해요, 잠깐 정신을 잃었나 봐요. 하지만 나의 본심이 아니라는 것은 알고 있죠?"라고 말하는 것도 볼 수 있을 것이다.

작은 일은 지나쳐라

화가 날 때 사람들은 "책임자와 이야기하고 싶어요"라는 식의 불쾌하고 부적절한 조롱도 거침없이 내뱉을 수 있다. 그들은 '실제 세상에서는' —마치 당신이 그 속에 살고 있지 않는 양— 모욕적인 언사를 내뱉거나, "당신 같은 사람들의 문제는……"과 같은 표현을 쓰면서 당신이 이제까지 경험하지 못했던 온갖 나쁜 행위를 할 수 있다.

이는 공정하거나 정당하지 않다. 이는 전혀 받아들일 수 없지만 그중 몇 가지는 지나쳐버려라. 그들이 화를 내는 데는 이유가 있다. 그들이 문제를 풀고 화를 식힐 수 있다면 당신은 이야기를 듣고 또 문제 해결을 도모할 수 있다.

그들이 하는 모든 말에 시비 걸거나 단 한 마디의 욕설도 하지 않고 다투고자 한다면, 당신은 하루 종일 그 일에 매달려야 할 것이다. 이 지점에서 당신의 목표는 자신의 삶이나 성격을 변호하는 것이 아니라 이 문제를 해결해 잘 지내는 것이다.

물론 이런 방식으로 외부의 자극에 대처하기란 쉬운 일이 아니다. 한

호텔 매니저는 최근에 화난 고객이 회사 고위층에게 대들고 아이들이 욕설과 성난 제스처로 자신을 조롱하자 얼마나 격분했는지를 말해주었다.

문제를 악화시키지 말라

정상적인 사람의 화는 기름을 붓지 않는 한 오래가지 않는다. 큰 소리로 우는 어린아이처럼 그들의 화는 일정 시간이 흐르면 풀린다.

기름은 냉소적이고 냉담한 목소리에 자그만 흔적을 남긴다.

인정받지 못하거나 무시당하는 것이 기름이 된다. 문제를 완전히 다시금 반복하는 것은 조용한 사람에게조차 화나는 일이다. 문제를 반복할수록 화는 더 커진다. 당신이 그들을 도울 수 없다면, 공손하게 중단할 수 있는 순간에 이 점을 고백하라. 도움을 주기 위해 다가가라. 하지만 먼저 그들을 위해 특정인을 데려오겠다고 말해라.―만일 그들이 친절하게 기다리겠다면. 혹은 그 사람이 자신들에게 전화를 하거나 접촉할 것이라고 말하라. 그리고 그 약속은 실행될 것임을 확신시켜라. 그렇지 않을 경우 그들의 화는 개인적 차원으로 비화된다.

모욕적이고 무례하고 신랄한 반응도 기름이 된다. 최근에 한 은행에서 나는 나이 지긋한 부인이 비정규 직원에게 수납 줄이 왜 이렇게 늘어서 있느냐고 묻는 말을 들었다. 부인은 지팡이에 기대어 있었으며 나처럼 혼잡한 시간대를 피하기 위해 일찍 왔었다. 훈련받은 관리자가 "알겠습니다. 잘 알겠습니다"라고 말하면서 한숨 쉬며 머리를 흔들었다. "하지만 당신 같은 사람들이 자동현금지급기 사용법을 배우고 단순 업무를 보기 위해 줄을 서는 것을 중단하기 전에는 우리가 무엇을 해야 할지를 모르겠어요." 내가 말하는 기름은 바로 이러한 말이다. 부인은 격노했을 뿐 아니라, 줄 서 있던 다른 고객들도 되돌아보면서 관리자에게 씩씩거렸다.

결코 합류하지 말거나, 늘 합류하라

사람들이 혼선을 일으킨다면 도와주겠다는 신호를 보내라. 그들이 혼란에 빠져 있다고 경고하는 것도 좋다. "당신이 계속 이런 식으로 나에게 말한다면, 나는 떠날 것을 요구하겠습니다", "진정하면 도와줄 수 있습니다"라고.

결과를 꼼꼼히 분석하고, 절대적으로 필요하다면 떠날 준비를 하라. 당신이 떠나야 한다고 그들이 말할지라도 묵묵히 계속하라.

비이성적인 사람이 직장에서 천방지축으로 휘젓고 다닐 수도 있다. 특히 상점이 이러한 위해危害를 받을 가능성이 높으며, 일반인들과 일하는 사람들이 크게 노출될 수 있다.

관리자는 정신과 전문의의 도움 없이도 판단을 내릴 수 있다. 하지만 변함없는 사실은 사업은 소수의 고정 '고객들'의 마음을 끌어야 하고, 누군가는 상황을 다스리는 방법을 알아야 한다는 것이다.

고객과 고용인이 싸울 수 있다. 하지만 직장은 당신의 어머니가 "그러면 한 대 쥐어 박아!"라고 말하는 공간이 아니다. 당신은 절대적으로 스스로를 방어해야 한다.—하지만 공격적인 행동을 취해서는 안 된다. 만일 직장에서 당신을 때렸다면, 그것은 곧바로 해고 사유가 될 것이다. 당신을 고객이 때렸다면, 그는 폭력 행위로 고발될 것이다. 당신의 고용주나 경찰이 그들을 다루게 하라. 당신 자신을 안전하게 방어하는 법을 배워라. 당신의 직장이 이러한 공격이 일어날 수 있는 곳이라면, 미리 이러한 상황에 대처할 수 있는 자문을 구하라.

불길을 꺼라

당신이 화와 분노에 맞닥뜨려 있고 또 혼란스럽다고 느낀다면, 결코 당황하지 말라. 이때 몸이 약간 흔들리고, 눈물이 나오거나 충격을 받는 느낌은 비정상적인 반응이 아니다. 심장 박동이 빨라지고 곤혹스럽다고 느낀다면 당신의 자연스런 방어 기제가 기능을 하고 있다는 것이다. 말로 풀어버리고, 산책을 하라. 겁먹고 중단하거나 그 생각에 너무 매달리지 말라. 장기적으로 볼 때, 우리 모두는 일상 상황이 낳는 정기적인 고통에서 벗어날 수 있는 통로가 있다.

하지만 당신이 무엇을 하든, 그것을 주변으로 확산시키지 말라. 옆 사람에게 곧바로 전달하지 말라! 불행과 화는 열정이나 훌륭한 매너 못지않게 전염성이 있다. 초기에 잘라버려라.

> "인생은 하찮은 거품과도 같으니, 두 가지가 돌처럼 서 있네. 다른 사람의 고통에 친절을 베풀고, 당신의 고통에 용기를 가져라."
> _ 애덤 린제이 고든

유별난 행동 다루기

스스로의 덫에 빠져 들어가는 행동이 있다. 일종의 습관이나 행동은 불명예스럽고 사무실의 가십에서 거의 신화가 되기도 한다. 이러한 것은 짜증나고 구역질나며 부지불식간에 혼란스럽기까지 하다. 나는 '여러 쪽으로 열거할 만한 사람들의 문제'의 다양성에 대해 듣게 되었는데, 여기에는 직장에서 고통을 야기하는 일종의 비사교적 행동의 몇 가지 예가 있다.

···▶ 매일 아침 가글을 하고, 핀셋으로 눈썹을 뽑으며, 손톱에 매니큐어

를 칠하고, 책상 위에 비듬을 털어대는 일로 한 시간을 보내는 비서.

⋯⋗ 사정이 안 되는 것을 뻔히 알면서 머리 굴려 하루 중 바쁜 시간에 회의를 소집하는 관리자.

⋯⋗ 동료의 일거수일투족을 수첩에 기록하는 사람.

⋯⋗ 여성 입사 지원자에 대해 "그 여자 가슴 크지?"라고 묻는 고용주.

⋯⋗ 창고를 책임지고 있으면서 우스꽝스러운 장애물을 통과해야 물건을 공급해주겠다고 하는 사람. 그는 사람들에게 주문을 받기 위해서는 매일 10분 전에 와야 한다고 말한다.

⋯⋗ 데이트하는 여성에 대해 다소 혼란스러운 세부적 사항까지 관심 갖는 관리자.

⋯⋗ 출산이나 아이들의 질환 경험에 대해 섬뜩할 정도로 세부적 상황까지 관심 갖는 여성.

계속할 수도 있지만 당신이 말귀를 이해했으리라. 이러한 행동은 다른 사람들에 대한 자각이나 생각이 너무 빈약해 화젯거리로는 종종 회피되고 있음을 보여준다. 이러한 문제에 관심 갖는 관리자는 어디서 시작해야 할지를 모르고 있다. 하지만 선택은 모든 어려운 상황에 대해 동일하다.

그것은 참으로 일에 영향을 주는 문제인가?

그 점에 대해 당신은 무엇을 하고 싶은가?

당신은 그 점과 관련해 무언가 할 수 있거나 그것을 극복할 수 있다.

만일 행동이 혼선을 일으킨다면, 다른 사람이 당신을 돕거나 자문하도록 요구할 필요가 있다.

균형을 유지하라

이것은 상투적인 표현(cliche)이지만, 진흙 속의 보배와도 같다. 우리는 두려운 일을 상당히 잘 기억한다. 우리는 현재 진행되고 있는 부정적인 일에 쉽사리 사로잡힐 수 있다. 우리는 '빈둥거리는' 다른 모든 사람들을 잊어버린 채 특정인의 행동 때문에 진저리 칠 수 있다. 우리가 관찰하는 문제의 견지에서만 다른 사람을 생각할 수 있다. 우리는 일을 잘 처리해나가거나 전향적인 자세를 취하는 대신에 괴로워할 수 있다. 우리는 적극적으로 행동의 변화를 시도하는 사람들을 신뢰하지 못할 수도 있다.

반응을 할 때, 지나치게 공격적이 되고 중요한 일을 피하며, 탈출이나 일탈을 꿈꾸면서 고통에 대한 반응과 싸우거나 회피하는 데 지나치게 많은 시간을 허비한다. 이러한 사람들과 이야기하거나 자리를 같이 하고 함께 일하는 것을 피하기 위해 지나치게 신경을 써야 할지 모른다.

나는 '문제들'과 씨름하느라 노심초사했고, 깨어 있었으며, 다른 사람의 행동에 대해 당황해하고 분개했다. 나는 사람들이 뻔한 거짓말을 하고 그처럼 겁쟁이가 될 수 있는지에 대해 의아해했다. 하지만 그것은 사실이었고, 지금도 마찬가지다. 생각한다는 것 자체가 부질없다. 이러한 특성들을 고백하는 사람은 극히 적으며, 종종 그들 스스로는 아무런 잘못이 없다고 생각한다.

균형 잡힌 시각에서 볼 때, 내가 업무상 만났던 수많은 사람들에 대해 생각해보면 절반 정도가 실제로 이런 식으로 나를 혼란에 빠뜨렸던 것 같다. 그리고 이 모든 고뇌는 나의 에너지, 나의 시간, 그리하여 나의 인생을 완전히 소모시켰다.

일을 할 때 우리는 예외적인 기술을 가질 수도 있다. 하지만 충분히 우리가 일을 사랑할 수 있도록 도와주는 것은 존재하지 않을 것이다. 우리가 스스로의 행동을 관리하고 다른 사람을 대하는 방식을 개선하지 않는 한, 그리고 하기 전까지는 문제의 소지가 다분히 존재한다. 이러한 것들은 우리가 일에 진저리를 치기에 충분히 심각하다고 할 것이다.

설령 잘못했다 할지라도, 우리는 늘 '감옥을 벗어날 수 있는' 카드를 가지고 있어야 한다. 우리가 할 수 있음에도 오해하거나 행동하는 데 실패했다면, 또 문제의 해결을 원한다면, 우리는 언제나 "미안합니다"라고 말할 수 있어야 한다. 늘 완벽한 사람은 존재하지 않는다.

어떤 식으로든 움직이려는 의지가 있다면 다시금 사람들과 시작할 수 있다. 나는 그것을 여러 차례 봤다.

보장이 없다는 말은 좋지 못한 소식이다. 당신은 올바른 일을 할 것이며, 갈등 상황에 대처하기 위해 논리적인 전략을 채택할 것이다. 당신이 바람직한 결과를 얻으리라는 보장은 전혀 없다. 우리는 다른 사람의 행동을 통제하거나 예측할 수 없다. 기껏해야, 그것에 영향을 미칠 수 있을 뿐이다. 여전히 유용하고 늘 가치 있는 시도가 존재한다.

우리는 늘 갈등을 겪는데, 그 이유는 사물을 다르게 보는 사람들과 함께 일하기 때문이다. 언제든 모든 사람이 당신에게 동의할 수 있는 장소를 이 세상에서 바란다는 것은 무의미하다. 그런 곳은 살아가기에 건강한 장소는 못 될 것이다. 건설적인 갈등과 차이가 좁은 마음으로 인한 위험을 피하고 성장과 쇄신으로 나아가는 데 도움을 주기 때문이다.

우리가 자폐와 분노 속에서 시간을 낭비하기보다는 차이와 더불어 일하는 법을 배운다면, 다른 사람과 함께 하는 삶이 인생에 보탬이 된다.

당신의 일을 바꿔라_좋은 직업 선택하는 방법

"당신이 원하는 바가 되는 데는 결코 늦지 않다."

_조지 엘리엇

법률 분야에서 10년을 보낸 후 당신은 언제나 방송 분야에서 일했으면 한다는 것을 깨닫는다. 방송 분야에서 10년을 보낸 후 당신은 언제나 법률 분야에서 일했으면 한다는 것을 깨닫는다. 나는 최근에 건설 현장에서 일하고 있는 두 명의 전직 올림픽 출전 선수들을 만났다. 그들은 스포츠 세계에 있어야 했지만, 건설하는 일을 원했다. 물론 좋다. 우리는 자신에게 늘 어울리는 완벽한 직업관을 가지고 초년 인생을 시작할 수 없다. 인생의 한 지점에서 '옳다' 고 느끼는 것이 나중에는 전혀 맞지 않을 수도 있다. 우리는 평생 하나의 직업이나 기술을 가져야 한다고 누가 말할 수 있는가?

당신이 다음 10년 동안에 동일한 직업을 가져야 한다는 생각을 지속할 수 없다면, 당신이 종사하고 싶어하는 직업을 위한 계획을 세우는 것은 대단히 좋은 시간일 것이다. 물론, 당신보다 훨씬 어린 사람들과 한 교실에서 자리를 잡거나 새로운 사무실로 우편물을 배달하는 자신의 모습을 발견한다는 것은 곤혹스러운 일이다. 하지만 이는 새로운 사람들이 하는 일이다. 안정과 특전, 당신 뒷전의 어딘가에 있는 지위를 버리고 밑바닥에서부터 시작하는 것은 어려운 일이다. 하지만 사람들은 이러한 일을 한다. 자문해보라. 이런 일은 너무 끔찍해서 다음 10년 동안 현재 자리에 머물러 있는 것보다 더 나쁜 상황이 아닌가.

당신은 고용주에게 매력적인 직원이 될 수 있다. 당신은 이미 직장 경험을 가지고 있다. 당신은 어느 정도의 지식과 경험을—설령 그것이 전혀 관계가 없어 보일지라도—끌어들일 수 있다. 고용주들은 늘 과거의 직원들이 지혜와 성숙을 겸비했고, 직장에서의 기본적인 노동 윤리, 이를테면 제 시간에 출근하고 고객을 상식과 편안함으로 대해야 한다는 따위의 지식이 있기를 희망하고 가정한다. 오랫동안 원했던 일을 할 요량으로 직장을 구하기 위해 고용주에게 오는 사람들은 영리한 상사에게 취업을 호소한다. 정열과 열정은 돈으로 살 수 없는데, 그것이 곧바로 당신에게 문제가 된다면 얼마나 큰일이겠는가? 당신은 기존 급여가 유지되기를 기대할 수 없다. ('다운시프팅', 206쪽을 보라). 당신은 모든 신참자가 시작하는 곳에서 시작해야 할 것이다. 당신은 힘든 과제도 기꺼이 하겠다는 자세를 보여주어야 한다. 고용주는 당신이 에너지와 열정, 그리고 마음을 열 능력이 있는지에 대해 어느 정도 관심을 가질 것이다. 당신이 이러한 변화에 대해 진지하다는 것을 어떻게 다른 사람들에게 증명해 보이겠는가? 당신은 관련된 교육과정에 등록을 했는가? 당신은 이 새로운 산업이나 사업에서 어떤 일이 일어나고 있는지를 아는가? 당신은 여기에 무엇을 투자하는가?

간단히 말해 이것은 중년의 위기인가, 혹은 당신은 새로운 출발에 대해 성실한가? 그것은 하나의 동요인가, 혹은 변화에 대한 진정한 갈망인가? 당신은 기존의 직업을 더 이상 원치 않는다는 것을 확신하는가? 그 대신 당신이 진정으로 원하는 것이 무엇인지에 대해 숙고해보았는가? 만일 당신이 확신하고 있지 않다면 어떻게 되는가?

진정으로 원하는 것을 결정하는 법

당신이 나머지 인생을 더불어 보내려는 '올바른' 사람을 찾고 있다면, 어떤 기준을 지침으로 사용하겠는가? 때때로 우리의 업무 관계는 개인적인 관계보다 오래 지속된다. 따라서 나는 이러한 비교를 신중하게 사용한다. 당신에게 맞는 일을 찾는 것은 중요한 탐색이지만, 간단한 일은 아니다. 마법의 해결을 낳는 아케이드 게임기나 스무고개 수수께끼는 존재하지 않는다.

유용한 질문들이 하나의 지침으로 되기까지는 어려운 상황에 부딪힐 수 있다. 누구든 '나는 못해—나는 진정으로 그것을 생각하지 못했어'라고 불리는 경력의 사각지대에 빠질 수 있다.

직장 생활과 관련해 중대한 결정을 내리는 데 최악의 질문은 다음과 같다.

이곳에는 어떤 직장이 있지?

내 친구들은 무엇을 하고 있지?

급여는 얼마나 되지?

가장 쉬운 시간은 뭐지?

나의 부모들은 무엇을 하지?

어느 직장이 휴가가 가장 길지?

누구 밥그릇이 최고지?

어떤 직장이 나를 멋지게 보이게 할까?

이러한 질문이 당신을 만족스러운 직장으로 이끌 것 같지는 않다. 더 나은 질문은 시간과 생각을 필요로 한다. 만일 당신에게 맞는 직장을 찾기를 원한다면, 이러한 시간을 만들어라.

만일 내가 인생에서 무언가를 할 수 있다면, 그것이 무엇일까

전혀 문제가 없는 것처럼 꿈꾸면서 실제로 시간을 써보라. 당신은 하고 싶은 일에 대한 폭넓은 생각을 할 수 있다. 예를 들어, 당신은 다음과 같은 것들을 원할 수도 있다.

유사 예술

기술적인 솜씨를 포함

소매업

간호 전문직

컴퓨터를 가지고 하는 일

매체나 음악

의료 분야

디자인을 포함하는 일

여행을 포함하는 일

어디서 많은 사람을 만날 수 있는가

문제 해결을 요하는 것

평화와 안정 속에서 일할 수 있는 것

항공 분야

농장이나 농업

큰 회사와 하는 일

등등…….

이는 해도 그만이고 안 해도 그만인 게임이 아니다. 당신은 하나 이상의 관심 영역을 가질 것이다. 매번 진술이 있고 난 다음에는 늘 왜 그런지를 자문하라. 당신은 왜 여행을 원하는가? 당신은 왜 간호 전문직에 끌리는가? 왜 당신은 컴퓨터 관련 분야에서 일 하기를 원치 않는가?

실패하지 않으려면 나는 무엇을 시도해야 하는가

로버트 슐러 박사로부터 취한 이 질문은 꿈꾸기를 위한 멋진 자극이다. 공포나 실패, 자기 회의는 단순히 목표나 야망을 나열하는 것조차 어렵게 만든다.

실제 어떤 종류의 활동과 관심, 과제를 배제해야 하는가

당신의 관심을 끄는 취미는 무엇인가?

시간이 있을 때, 무엇을 하고 싶은가?

절약한 돈을 어디에 쓰고 싶은가?

다른 사람을 도울 때 어떤 종류의 일에서 행복한가?

어떠한 도움 요청이 짜증나게 들리는가?

어떤 일이 당신을 자유롭게 하는가?

당신이 믿기 어려울 정도로 부자라면, 당신은 어떤 일에 관심을 갖겠는가?

나는 어떤 인생을 살고 싶은가

당신은 특정한 생활양식의 목표를 가지고 있는가?

당신은 일을 마쳤을 때 쉽게 다른 쪽으로 전환하고 싶은가?

당신은 커뮤니티 안에서 이루어지는 일을 원하는가?

당신은 다른 영역으로—정치처럼—더 쉽게 옮겨갈 수 있는 경력을 원하는가?

나는 무엇을 잘하는가

능력이 문제다. 당신이 잘하는 것을 알거나 이해하는 데 어려울 수 있다. 문제 해결을 위해 다른 사람에게, 특히 인생 경험이 풍부한 사람에게 물을 수 있는가? 칭찬을 받기에는 아직 부족하다고 말하라. 사람들은 당신에게서 재능이나 자질을 발견하려 한다. 이러한 것들은 훌륭한 완성자, 훌륭한 조직가, 사람들과 조용히 지내거나 드문 유머 감각처럼 무형의 기술이 될 것이다.

> "빌어먹을, 마침내 나는 내가 예정된 틀 속에서 움직이는 피조물이라는 사실을 알았어. 나는 버스도 못 돼. 나는 궤도 전차야"라고 말하는 사람이 있었다.
> _모리스 헤어

누가 참으로 만족스럽거나 보상받는 직장 생활을 영위하는가

당신에게 호소하는 사람의 직장 생활은 어떤가?

반대로, 누가 "나는 그렇게 끝맺고 싶지 않아"라는 식의 직장 생활을 영위하는가? (나는 매일 정확히 똑같은 시간에 일을 시작하고 끝내는 것에 대해 다소 두려워했다. 사람들은 불규칙한 시간을 가진 직업을 두려워한다.)

나는 어떤 사람과 함께 하는 것을 즐기는가

당신을 좀 더 잘하도록 고무시키는 사람은 누구인가?

당신이 열정적이라고 느끼게 하는 사람은 누구인가?

누가 당신을 화나고 짜증나며 풀죽게 만드는가? 그리고 왜 그런가?

이러한 사정은 당신에게 맞는 직장 환경에 대해 몇 가지 단서를 제공할 것이다.

나는 다른 사람의 어떤 행동에 반응하는가

무례한 대우를 받으면서 일할 수 없다고 느낀다면 당신은 고객 서비스 일에는 어울리지 않을 수 있다. 당신이 어떻게 살아야 하는지에 대해 대단히 강한 견해를 가지고 있다면, 다소 도전적인 일을 찾아볼 것이다.

당신을 잘 알고 있는 사람들과 이러한 문제에 대해 심도 있게 이야기해볼 필요가 있다.

나의 오랜 시간과 에너지에 대해 어떤 경력이 만족 하겠는가

당신이 여든 살이라고 상상해보라. 이제—당신이 직장 생활을 회고하는 모습을 상상해보라. 당신은 만족스럽다고 느낄 수 있는 직장 생활에 대해 조금이라도 의미를 얻을 수 있는가? 당신은 슬퍼할지도 모를 삶이 있다고 생각하는가?

나는 이것을 시도해보았는데, 나 자신을 위해 일하지 않은 것에 대해 후회하는 모습을 보았다. 나는 한곳에 머무른 것이나 한 회사에 너무 오래 머무른 것을 후회하고 있음을 느꼈다. 나는 뭔가 다른 일을, 전통적인 직업보다는 전혀 새로운 일을 하고자 했다는 것을 느꼈다. 나는 전혀 다른 부류의 사람들과 섞이고 싶어했다는 것을 알았다.

그리고 마지막으로

어렸을 때 하고 싶었던 일이 무엇이라고 말했는가

할 수 없다고 말하는 나이에 이르기 전에 나는 무엇을 하겠다고 말했는가? 이러한 질문을 되풀이하기에 너무 늦은 나이는 없다. 그것은 여전히 적절한 질문이며, 당신이 오랫동안 그러한 답변에 매달렸을 경우에는 특히 그렇다. 내가 만났던 몇몇 지극히 행복하고 능력 있는 사람들은 그들이 늘 하기를 원했던 일을 하고 있다고—그들이 기억할 수 있는 한 오랫동안—나에게 말했다.

우리가 스스로의 희망과 꿈을 추구할 만큼 자신에 대해 신뢰나 믿음을 갖고 있지 않을 때 이러한 질문들은 종종 무시된다.

일을 사랑하기 위해 당신은 자신에게 매우 가까운 일을 선택해야 한다. 다른 사람의 답변을 받아들이거나, 그들이 당신을 위해 일하도록 할 수는 없다.

스스로 하고 싶은 일에 대해 하나의 감정을—모호한 감정일지라도—얻었다면, 당신은 좀 더 많은 것을 찾을 수 있다. 좀 더 많이 알수록 당신은 계획을 세울 수 있다. 계획은 좋은 출발이다. 그것은 돌에 새겨진 것이 아니다. 계획은 변할 수 있으며, 그것을 정확하게 따르지 못할 수도 있다. 하지만 계획은 거기에 남아서 당신의 모든 열망을 상기시켜 줄 것이다.

자문을 구하고, 조심스럽게 받아들여라

당신은 직장과 관련한 유용한 정보와 자신에 대한 현실적인 정보를 필요로 한다. 이 둘을 종합할 필요가 있기 때문이다. 하지만 당신이 얻는 자문을 매우 조심스럽게 판단하라. 늘 의심하지 않고 받아들였던 사람들의 견해와 자신의 것을 비교해볼 필요가 있다. 당신은 늘 의심하지 않고 거부했던 지적들을 재검토해야 할 것이다.

당신이 '실제로 매우 젊은 사람들 사이에' 있다고 한다면, 이러한 행동은 어려울 것이다. 혼동이 지배하고 있다. 당신은 현재의 고용 경향과 요구에 접하지 못하는 사람들의 친절하면서도 끈질긴 자문을 받을 수도 있다.

나에게 여성 유니폼을 만드는 회사에서 일할 것을 권했던 나이 많은 친척 한 사람은 훌륭한 매점을 가졌었다. 나는 학교를 졸업한 후에 재미로 뭔가를 해보라는 충고를 들었다. "일단 결혼하면 어쨌든 너는 그것을 포기할 거야." (내가 결코 일할 필요가 없을 것이라거나, 결혼한 후에는 재정적으로 독립할 것이라 생각하는 것은 경솔하고 혼란스러운 충고다.)

나의 학교 선생님 중 한 분은 그녀와 같은 직업을 권했다. "휴일은 정말 멋지고, 또 너는 언제나 교사신용조합을 통해 즉각 대출받을 수 있어."

고등학교에 배치된 직업 안내 교사는 어이없는 판단도 했다. 황송하게도 그녀가 방문했을 때, 우리는 A에서 Z까지 가능한 직업 목록이 있는 팸플릿을 받았다. 그것은 보험설계사에서 동물학자로 끝났다. (이는 여행사를 방문해 지도책을 받는 것과 비슷했다.)

일할 때, 당신은 어떤 기술과 과제가 당신에게 어울린다고 생각하는지를 동료들(그리고 전임 직장 동료)에게 물을 기회가 있다. 그들은 당신이 피했으면 하는 사항들, 특히 늘 남들에게 미뤘던 일들을 어렵지 않게 상기시켜 줄 것이다!

친구들이 충고하겠다고 끼어들 수 있지만 그것이 늘 건설적이지는 않다. 정원 꾸미기에 열정이 있다고 해서 반드시 정원사가 돼야 한다는 말은 아니다. 훌륭한 디너파티를 열 수 있다는 능력이 레스토랑을 경영하는 데 적합함을 의미하는 것은 아니다. 대주자 역할을 많이 한다고 해서 부상자가 많은 팀에 소속되어 있음을 의미하는 것은 아니다. 잡지나 고도의 동기부여 책들이 안달하듯, 당신은 저 꿈의 직업을 선택해야 한다는 제안이 가슴에서 우러나오고 확신에 찬 말이기는 하지만, 이를 위해 당신이 준비해야 한다는 결론으로 반드시 이어지는 것은 아니다. 이는 특별히 흥미로운 일이 아니다. 하지만 몇 가지 직장 경험을 해보는 것은 어떤가? 최소한, 그러한 직장에서 일을 하는 사람들과 이야기하고 그들 말을 경청해보라. 그들은 당신에게 귀중한 정보를 줄 뿐 아니라, 설령 직장이 당신에게 맞지 않을지라도 당신을 실망과 시간 낭비로부터 구제해줄 것이다.

꼬리표는 평생 동안 족쇄가 될 수 있다

"어, 우리는 네가 스물한 살이 되기 전에 국가를 경영할 것이라는 말을 늘 들었어."

"당신은 타고난 비서야."

"나는 당신이 힘든 일을 하지 않았다는 것을 알아."

당신이 하고 싶은 일에 대해 생각하고 있을 때 이러한 이야기는 무시하라.

사람들은 자신들을 행복하게 해주었던 경력을 당신도 선택하라고 충고함으로써 도와주려고 한다. 의도는 좋다. 하지만 비록 자신들의 직장생활에 대해 긍정적으로 이야기하는 것을 듣기는 좋아도, 그것이 반드시 도움 되는 것은 아니다. 당신은 왜 그들의 경력이 자신들을 행복하게 해주었는가라고 물을 수 있다.

충고와 정보는 필요하다. 하지만 조심스럽게 가려서 들어라.

직장 구하기

당신이 꿈에도 그리던 직업이 신문에 등장하기를 기다리지 말라. 직장은 고용주에게 직접 접근하거나 접촉함으로써 찾아진다.

계획을 가지고 당신은 사람들에게 도움을 청할 수 있다. 당신은 '직장을 잘 고르는 방법'을 알고 있는 사람을 찾을 수 있다. 정중하고 끈질기게 정보와 주소를 구하라. 친절한 사서에게 정보를 구하는 일에 대해 도움을 청하라. (그들은 대체로 이런 일에 탁월한 재능이 있다.) 인터넷을 활용하라. 전화를 걸고, 사무실 문을 두드려라. 가능한 한 모든 수단을 활용하라.

당신이 관심 갖는 일이 어떤 직업과 전문직 혹은 무역이건간에, 회계·요리·공학기술·사진 작업 혹은 트럭 운전이건간에, 이것들은 대체로 어느 정도는 연합체나 조합 혹은 정보 서비스를 갖고 있다. 사람을 얻고 경력 자문이나 구성원 명단을 구하라. 산업과 무역은 여러 가지 이유로 역할 분담을 하는 경향이 있다. 하지만 한 가지 유용한 이유는 문의하는 사람들에게 정보를 제공하는 것이다.

제안을 반복해보자. 어느 정도 직장 경험의 가능성이 존재하는가?

직장 경험이 학교의 학생들에게만 있는 것은 아니다. 당신은 짧은 시간에 그 직업이 실제로 어떤지를 파악할 수 있는가? 이러한 전략을 통해 나는 전혀 맞지 않았을지 모를 세 가지 직업을 피할 수 있었다.

경력자에게 잘된 이력서를 보여달라고 하거나, 적어도 당신의 초안을 점검하고 지적해달라고 하라. 확실하게 철자를 검사할 수 있는 사람에게 물어라. 사소한 실수도 당신의 이력서를 눈여겨보지 않게 할 수 있으며, 까다로운 시험관에게는 이력서를 거부할 수 있는 '충분한 이유'가 된다.

경험에 비춰볼 때, 나는 내가 할 수 있고 즐길 수 있는 일을 소개하는 대행사들과 그들의 능력에 대해 우려하게 되었다. 설령 그렇다 할지라도, 그들은 직장을 구할 수 있는 정보원이며 당신을 기회로 연결시켜 줄 수 있다.

물론, 여전히 신문이 직장의 정보원이지만 당신이 찾고 있는 직장의 결원을 알려줄 관련 문서나 잡지를 구하라. 지역신문 공급자에게 관련 잡지와 신문을 요청할 필요도 있다. 도서관도 도움이 되는 좋은 장소다. 도서관에 신문이나 잡지·복사물이 갖춰져 있다면, 당신은 그것들을 살 필요가 없을 것이다. 사람들은 당신이 찾고 있는 것을 알고 있을 경우 그 복사물들을 나누어줄 가능성이 많다.

또한 필요한 상황에서는—게시판이나 신문에서—당신의 기술을 광고할 가능성도 존재한다. 당신은 광고물을 디자인하거나 이러한 작업을 위해 도움을 구할 수 있으며, 또한 그것을 현관을 통해서나 적절한 우편함을 통해 집어넣을 수도 있다.

훌륭한 나의 친구는 신문의 연극비평가가 되었다. 나는 그가 어떻게 직장을 구했는지 물었다.

"비평을 몇 편 써서 주변에 돌리면 돼. 물론 편집장 앞에서 고집 부려야겠지."

나는 직장을 경험하기 위해 미항공우주국으로 간 한 영국 청소년에 관한 이야기를 읽었다. 나는 그에게 비평가 친구에게 했던 질문과 똑같은 말을 했다. "어떻게 그런 일자리를 구했니?"

그는 "어머니가 이력서를 써서 그들에게 요청했어요"라고 말했다.

사람들에게 도움을 청하고 입사 시험을 보고 고용주에게 거부당하는 모험을 두려워하지 말라. 사람들에게 15분 정도 시간을 내줄 것을 (정중하게) 요청하는 것을 두려워하지 말라. 사무실 문이 열릴 보장은 없지만, 그들이 자주 그런 일을 한다는 것만으로도 놀라운 일이다.

당신이 들을지 모를 최악의 말은 '아니요'일 것이다. 이 경우조차 '아니요'는 이 순간이 아니라 미래의 어떤 시간일 것이다. 당신은 '아니요'를 달고 살 수 있다. 하지만 치명적인 상처는 아니다.

> "당신의 용기에 비례해 인생은 위축될 수도 있고 확장될 수도 있다." _아네스 닌

습성과 무지, '아직 안 돼'는 직장을 구하는 일에서 가장 큰 적이다. 나는 결혼 날짜를 잡느라고 수많은 시간을 허비하면서도 인생의 경력을 계획하는 일에는 단 한 시간도 용납하려 하지 않는 여성과 일을 했었다. (언뜻 생각할 때, '아무 데도 가려 하지 않는 것'에 대해 불평하는 것은 상당히 바람직해 보인다.)

나는 숨겨진 재능을 계발하고 인생을 좀 더 행복하게 해줄지 모를 직업을 찾는 일에 투자하기보다 휴일 계획을 세우거나 새 차를 사는 일에 더 많은 노력과 생각을 기울이는 동료와 일한 적이 있다. 그 동료는 새 차를 사기 위해 모터쇼를 방문하고 자동차 비평 프로그램을 보며, 자동차 잡지를 구입하고 자동차 전시관을 방문하며 자신을 도와줄 사람들과 이야기하는 등의 준비를 한다.

그들의 경력―인생의 엄청난 부분을 차지하는 '일'―을 위해서 이들 몇몇은 코앞에 기회가 오기 전까지 기다린다. 또한 게시판 보는 것도 귀찮아서 힐끔 보거나 저가지의 임의로 분류된 광고들도 대충 훑어볼 뿐이다. 얼마 안 되는 전화나 엽서, 편지, 신문 복사물, 지역 도서관 순례, 새로운 게시판 방문을 소홀히 해 많은 사람들이 흥미로운 일자리를 놓치거나 아예 일자리 찾는 것을 포기한다. 그들이 특별한 직장을 홍보하는 광고를 보지 못할 경우, 그들은 취직하기가 너무 어렵다고 믿는다. 단 한 차례라도 거절될 경우, 앞으로도 영원히 그럴 것이라고 믿는다. (직장 생활이 흐리터분한 것을 외부 탓으로 돌리기란 어렵지 않다.)

주변에 도움을 구하고, 고용주에게 당신의 이름과 전화번호를 남기거나 답변이 오지 않을지 몰라도 전화나 편지로 간청하는 것은 부끄러운 일이 아니다. 이 모든 일을 훌륭한 매너와 기본적인 예절을 갖추고 행하라. 이는 행운에 달린 것이 아니다. 끈기와 관련되어 있다.

"행운은 용감한 자를 좋아한다." 직장을 구하는 과정은 낡은 가죽 구두를 신고, 끈기 있게 전화를 걸고, 원서를 제출하는 등 끊임없이 노력할 자세가 되어 있는 사람에게 훨씬 친절하다.

일자리 구하기의 어두운 면을 극복하기

거절

직장을 구했을 경우, 당신이 진정으로 원하는 것을 찾는 데 들였던 시간은 쉽게 사라질 수 있다. 당신은 고용되어 있고 수입이 있다. 하지만 당신이 여러 직장들 사이에 있거나 혹은 계속 나쁜 직장에 있어 새로운 돌파구를 찾기 위해 열심히 노력하고 있다면, 당신의 사기가 낮고 이러한 시도가 가치 있느냐에 대해 의심하기 시작할지라도 당신은 침체기나 부침기를 견뎌낼 수 있다.

당신이 또 다른 '거절' 편지를 받을 때 염두에 두어야 할 것은 신규 모집이 선택의 과정이 아니라는 점이다. 그것은 거부의 과정이다. 고용주들은 앞에 놓여 있는 응시 원서 파일을 보면서 그들이 생각하는 역할에 가장 잘 어울리는 세부 사항들에 도달해 최소의 관심 인원을 끌어내기까지 사람들을 선별할 것이다. 고용주들은 충분히 접근해 있다고 믿을 만한 사람들의 최소한의 목록을 끌어내려 할 것이다. 이는 완벽한 과학이 아니며, 또 공정한 결정이 쉽사리 이루어질 수도 없다.

면접 단계에서 당신이 보낸 편지가 되돌려진다는 것은 어쨌든 마음 상하는 일이다. 당신이 직장을 구할 것 같다고 확신했을 때나 마지막 단계에서 거절 편지를 받는 것은 더욱 마음 상하는 일이다.

하지만 마음을 놓아라! 면접 단계에서 이런 일을 경험했다면, 기뻐할 지어다! 미래에 당신이 어울린다는 말을 들을 수 있는 기회가 있지 않은가? 그들에게 요구하라.

아무런 편지나 회답 전화도 받지 못한다는 것은 끔찍한 일이다. 당신도 언젠가는 똑같은 위치에서 그런 사정을 더 잘 알게 될 날이 있다. 언제나 사람들에게 통보하는 것을 잊지 말라.

친절한 관심

때때로 '친절한' 관심은 당신을 미치게 할 수도 있다. 다음과 같이 도움 되지 않는 질문이나 지적을 받을 수 있다.

⋯▸ "하루 종일 무엇을 하세요?" (종일 연속극을 보면서 시간을 허비하는 사람에게)

⋯▸ "하지만 제화공장에는 직업이 많이 있잖아요." (당신이 화학 연구자일 때)

⋯▸ "그런데 당신은 최선을 다하려 하지 않는 게 분명해." (최선을 다하고 있을 때)

⋯▸ "왜 아직 아무것도 발견하지 못했지요?" (당신에게 아주 큰 잘못이 있는 것처럼)

⋯▸ "내가 당신 나이였을 때⋯⋯." (당시 별로 열심히 일하지 않던 사람에게)

⋯▸ "직장을 구하는 일이 어때?"라는 단순한 말조차 최악의 슬럼프를 이겨내려 하는 당신을 주눅들게 할 수 있다.

'친절한' 관심도 때로는 성가실 수 있지만, 정반대로 생각해보라. 아무도 당신에게 저주를 퍼붓는 것이 아니다. 사람들을 꺼리거나 회피하는 명백한 전술보다는 정중하게 "그래요, 물어봐줘서 고마워요"라고 말하며 화제를 바꿔라. 필요하다면, "다른 이야기를 할 수 있을까요?"라고 물어라. 그들이 당신을 계속 무시한다면 당신도 그들을 피하거나 그들의 분별 없는 행동으로 관심을 유도할 충분한 이유가 있다.

부정기적인 슬럼프

더 걱정되는 일은 자기 자신에게 말하는 방식이다. 누구든 기어가는 목소리로 "이 목표는 결코 달성될 수 없어"라고 말할 수 있다. 다른 사람들이 인생 문제에 대해 어떻게 타협하는지를 관찰하다 보면 "내가 이러한 목표를 갖는다는 것이 장난은 아닌가?"라고 의아해할 수 있다. "당신이 누구라고 생각하는가?"라는 질문은 의식적인 정신 속에서 반향을 일으키고 있다.

다시는 일을 하지 못할 것이라는 두려움이 나쁘다. 자신과 능력이 있는 사람도 이러한 두려움을 경험할 수 있다. 당신은 버스 정류장을 향해 급히 달려가는 무리를 보고 당신도 그들 속에 합류할 수 있는지 의아해할 수 있을 것이다. 신경을 꺼라. 노력해보는 것만으로도 조심스러운 신출내기가 할 수 있는 큰일이다.

복지부동하고 싶을 때 지속하는 방법

당신이 거절 대상이 되지 않도록 하라. 거절은 개인적인 일로 느껴지지만, 물론 개인적인 것은 아니다. 채용 담당자가 당신을 모르는데 어떻게 그것이 개인적일 수 있는가? 모든 거절을 학습 기회이자 합격 편지나 전화에 좀 더 가까이 갈 수 있는 기회로 간주하라.

나는 거절 편지로 공부방의 벽을 도배해놓은 오스카상 지명을 받은 시나리오 작가에 대해 들은 적이 있다. 그렇게 하라! 이러한 편지들을 '언젠가 다시 보면서 웃으리라'고 이름 붙인 서류꽂이에 간직하라.

나도 한때는 진심으로 원했던 직장을 놓친 적이 있었다. 나는 크게 낙심했지만, 관리 감독자가 그 자리를 딸의 남자 친구에게 주었다는 사실을 알고서는 더욱 그랬다. 몇 년 지나지 않아 나는 그 사람의 딸과 남자 친구 모두에게 거절 편지를 쓸 기회가 있었다. 세상은 좁다. 편지는 정중하고 솔직했다. 실제로 그들에게 줄 직장이 없었다. 하지만 나는 과장되게 나의 이름을 서명했다.

정신적으로나 육체적으로 활력을 유지하라. 당신은 정원을 손질하고, 오래된 토마토를 솎아내고, 빈방을 정리하고, 아는 사람들을 도와주려 한 적이 있는가? 돈이 들지 않는 성인 교육 프로그램도 있다. 걷는 것이 자유롭고, 또 수많은 박물관과 화랑도 그렇다. 당신 근처에서 무슨 일이 일어나고 있는가? 약간의 성취감을 얻어라.

> "이 질환을 치유하는 방법은 조용히 앉아 있는 것이 아니다. 혹은 난로 옆에서 책을
> 들고 빈둥거리는 것도 아니다. 오히려 괭이를 들고 도랑을 파고, 땀이 날 때까지 일
> 하는 것이다."
> _ 러디어드 키플링

　　직장 구하기를 하나의 프로젝트로 생각하라. 계속적으로 파일이나 계산용 문서를 만들어라. 편지와 전화가 어떻게 진행되고 있는지를 추적해 프로젝트를 계속 가동하기 위해 매일같이 할 일의 목록을 만들어라. 이 일을 매일 특정한 시간에 당신의 에너지와 열정이 상승할 때 하라. 기록을 하고, 전화를 걸고 답변을 하는 어느 경우든 일이 끝났을 때는 내일 할 일의 갱신된 목록을 적은 다음에 휴식을 취하라. 산책을 하고, 커피를 마시고, 좋아하는 책을 읽어라. 좋아하는 영화를 보는 등으로 휴식을 취하라.

　　당신의 개인 연락망에 있는 사람들과 대화를 유지하라. 결코 시야에서 멀어지게 하지 말라. 그렇지 않으면 사람들은 당신이 원한 바를 찾았다고 생각할 것이다. 때로는 죽어가는 소리를 하고 싶을 수도 있겠지만, 절대로 그렇게 하지 말라. 당신이 하고 있는 일과 찾고 있는 일을 이야기해서 사람들이 당신을 위해 신경 쓰게 하라.

　　당신이 싫증을 내거나 좌절하고 있으며 시간을 때우기 위해서는 무슨 일이든 할 수 있다면, 그것도 사람들에게 이야기하라. 무엇이 당신 앞으로 오게 될지는 결코 모른다. 나는 한때 서점에서 '시간 때우는 일' 을 돕기 위해 일한 적이 있었다. 그것은 멋진 일이었다. 당신은 이 '시간 때우기' 가 유용한 지식이나 만남으로 이어지지 못하리라고 장담할 수 없다.

　　당신은 희망을 좇고 있기 때문에, 당신을 진심으로 염려하는 사람들

은 당신이 실패자라고는 생각하지 않는다. 하지만 당신이 완전히 포기한 채 소파에서 죽치고 앉아만 있다면 이 실패자라는 말은 그들의 머리를 떠나지 않을 것이다. 만일 당신이 하는 일을 싫어한다는 이유로 앞으로의 20년을 불평으로 지새운다면 그들은 실망하게 될 것이다. 직장을 구할 때는 '실패자'라는 말을 머릿속에 담아두지 말라.

당신이 고초를 겪고 있다면, 믿을 만한 사람들에게 이야기해서 그들이 당신을 웃게 만들도록 하라. 긍정적이고 버팀목이 되어주는 사람들과 긴밀한 관계를 유지하라. 당신을 끌어내리는 사람들은 피하라.

당신의 삶에서 균형을 유지하라. 하나의 삶을 갖는다는 것을 기억하라. 다른 허드렛일에도 관심 가질 필요가 있다. 늘 하듯, 그날을 위해 준비하라.

목표를 너무 높게 잡을 경우 당신은 거기에 못 미칠 수도 있다. 하지만 그것도 좋다. 고용주들은 이렇게 말할 것이다. "지금은 적당한 일이 없지만, 6개월이 지나면 있을 것이다. 그러니 기다리세요.", "우리는 엄밀히 그것과 동일한 기회를 가지고 있지는 않지만, 그게 무슨 문제인가?" 다음 '기회'가 자유로워질 때 바로 그 자리에 있으면 도움이 될 것이다.

또한 이 점을 기억하라. '꿈에 그리던 직장'으로 곧바로 들어가는 사람은 극히 적다. 반드시 인내가 필요하다. 길에는 지름길도 있고 갈림길도 있다.

"위대한 일은 결코 갑작스럽게 창조되지 않는다."   _ 에픽테투스

새로운 기술이나 자격―책으로 돌아가라

대학을 다니던 첫해에 나는 법을 2년 공부한 후 더 이상 그 속에서 자신의 미래를 보지 못하겠다는 친구를 만났다. 그는 강의실을 두려워하기 시작했고, 왜 법을 공부하겠다고 했는지조차 기억할 수 없었다. 그는 이제 변화를 위한 고통스러운 결단에 이르렀거나, 결코 행복하리라고 생각할 수 없는 경력을 추구해야 했다.

나는 (18세의 기지와 재치를 모두 동원해서) "내가 그 모든 시간을 낭비했다고 한다면 살 수 없을 것 같아"라고 한 말이 기억난다. 물론, 그 참담한 상황에서도 계속해야 한다는 데 진정한 슬픔이 있었을 것이다. 실수가 명백할 경우에도 지속한다는 것은 바보일 뿐이다.

나는 그의 복수 전공이 실제로 취업을 가능하게 했다는 사실을 알 수는 없었다. (그의 가족이 진로 변경을 통해 그를 도와주었다는 것을 덧붙이지 않을 수 없다. 부모들이 자식의 행복과 마음의 평화를 존중해주었다는 것은 행운이기도 했다. 하지만 그런 경우가 늘 있는 일은 아니다.)

당신은 진로를 변경할 수 있다.

당신은 학교로 되돌아가 공부할 수 있다. 당신은 16, 26, 36, 46세에 혹은 그 이후에도 마음을 자유롭게 바꿀 수 있다. 이러한 변경은 많은 준비와 희생을 필요로 하지만, 어쨌든 할 수 있다. 물론, 쉬운 일은 아니지만 불가능한 것도 아니다.

당신이 준비를 하고 재정적으로 한 단계 낮춘다면 쉬운 일이다. 하지만 반드시 그렇지 않을 수도 있다. 당신은 일을 계속하고 파트타임으로 일을 하거나 '블록 릴리즈'* 제도를 이용할 수도 있다. 많은 단과대학과 대학이 제공하는 인터넷 원격학습을 이용할 수도 있다.

내가 학위를 마칠 시간(근무 후 저녁 시간)에 나의 강의실은 직장인들로 가득 차 있다. 그들 가운데 몇몇은 직업과 새로운 가정을 가지고 있다. 나는 그들이 어떻게 생활을 꾸려가는지는 모르지만 그들에게 경의를 표한다.

때때로 사람들은 파트타임 학습이 '불가능' 하다고 말한다. 나는 정기적으로 술집에 들르거나 매일 생각없이 텔레비전 시청으로 시간을 허비하는 사람들이 이런 이야기를 한다면 동의할 수 없다. 일과 학습을 동시에 병행한다는 것은 확실히 어려운 일이다. 하지만 그것이 비현실적인 일은 아니다.

> "사람들이 나에게 '당신은 어떻게 그리 많은 일을 하나요?' 라고 할 때, 나는 그들에게 냉정한 의미는 아니지만 '당신은 어떻게 그리 적게 일을 하나요?' 라고 답한다. 내가 보기에 사람들은 엄청난 잠재력을 가지고 있다. 대부분의 사람들은 확신을 갖거나 위험을 감수한다면 많은 일을 할 수 있다. 하지만 대부분은 그렇게 하지 않는다. 그들은 텔레비전 앞에 앉아서 인생이 영원히 그렇게 진행되는 것처럼 살아간다."
> _ 필립 애덤스

* 영국 등 유럽에서 고도의 연구에 종사시키기 위해 직원의 직무를 일부 면제해주는 제도.
  —옮긴이

다운시프팅*은 선택이다

다운시프팅(downshifting, '자발적인 단순성'으로 알려져 있기도 하다)은 오랜 느낌을 위해 만들어진 새로운 용어다. 이 말은 '나는 더 이상 이런 직장 생활을 원하지 않아'를 의미한다. 그리고 더 이상 조기 퇴직에 대한 완곡어법이 아니다.—퇴직한 지 오랜 기간이 지난 많은 사람들이 점차로 이를 행하고 있다.

다운시프팅은 종종 노동 시간의 단축과 미래의 직업을 위해 더욱 자유로운 시간에 대한 투자를 의미한다. 다운시프트를 할 때 당신은 기존의 노동 상황과 금전 상황을 다른 어떤 것과 교환한다. 이 '어떤 다른 것'이란 학습, 일 중단, 휴식, 새 출발, 자발적 봉사, 파트타임 일하기, 프리랜서나 자신의 비즈니스를 시작하기 등이 될 수 있다. 이는 당신이 단지 취미나 아이들을 위한 시간, 더욱 많은 시간을 원하기만 하면 된다. 또한 일에서 완전히 손을 떼는 것을 의미할 수 있지만, 동일한 고용주에게 머물러 있거나 노동시간의 단축을 의미할 수도 있다.

당신이 돈보다는 시간에 가치를 더 두고 줄어든 수입으로 생활하는 것에 대해 확신이 선다면, 그것은 훌륭한 선택일 것이다. 하지만 벌 수 있는 돈을 모두 필요로 하거나 업무 분야에서 여전히 야심적이라면 (약간이라도) 다운시프트는 좋은 선택이 못 된다.

----

*자동차의 기어를 고단에서 저단으로 바꾸어 속도를 줄이는 것을 뜻하는 말로, 삶에서 인생의 기어를 낮추는 것을 의미한다. 특히, 바쁜 일에 매달려 사는 전문직 종사자들이 보수는 적을지라도 시간적 여유가 있는 일로 전환한다는 뜻이며, 긴장을 줄이고 자신과 가족의 삶을 배려할 수 있는 여유를 갖자는 말이다.—옮긴이

어떻게 다운시프트할 것인가?

첫 번째 유용한 조치는 당신의 재정 상태를 조심스럽게 검토하는 것이다. 적은 수입으로도 살 수 있는가? 솔직히 말해, 얼마나 많이 필요한가? 총 수입에 대해 매우 현실적이 돼야 한다. 노동시간의 단축은 자동적으로 통근 거리, 작업복, 점심, 편의 식품, 옷 세탁, 탁아 비용, 주차, 그리고 선물 비용 마련부터 대중음식점에서 한턱내기까지 사회생활과 연관된 비용을 줄이는 것을 의미한다.

몇 개월 동안 줄어든 수입으로 살면서 어떻게 대처하고 있는지를 살펴보라.

빚을 정리하고 줄어든 수입으로 사는 법을 배우려 할 때, 다운시프터들은 통상 예비 현금을 갖고 있다. 사실 비상금 확보는 공부를 하고, 휴식 기간을 갖고, 다소 낮은 급여로 생활하거나 사업을 시작하려는 사람에게 훌륭한 선택이다. 그것은 불안을 줄여준다. (대략 3개월에서 6개월의 급여가 좋다.) 다운시프터들이 힘들어하는 이유가 수입의 감소 때문만은 아니다. 잘 알다시피 직장이 사라졌을 때 비로소 깨닫게 되는, 일을 해야 하는 측면이 존재한다. 직장은 사회생활을 제공해준다. 직장은 사람들과의 유대를 제공해준다. 직장은 정신적인 자극을 제공해준다. 그렇다. 대부분의 직장이 그렇다!

직장은 상당한 정도의 지위를 제공해준다. 사람들은 사회적 환경에서 "왜 그렇게 하는가?"라고 묻는데, 우리 대부분은 답변을 불편해한다. "할 수 있다면 그다지 하고 싶지 않아." 당신은 '대오에서 탈락'했다거나 '출세에서 멀어졌다'고 생각하는 사람들을 배겨낼 수 있는가?

직장의 현재적 상태는 여러 면에서 마음에 상처를 준다. 당신이 퇴사한 후에 입사한 사람이 당신이 원했던 지위로 승진했더라도 괜찮은가?

동료가 당신이 했던 일을 엉망으로 만들어놓았더라도 괜찮은가? 그들이 당신에게 중요했던 것들을 날려버리거나 당신이 애써 반대했던 것들을 하고자 결정했더라도 괜찮은가? 당신은 진심으로 떠날 준비가 되어 있는가?

자신을 위해 일하고 싶은가

퇴사해서 나름대로 사업을 시작하고 싶거나 혹은 프리랜서로 일하고 싶다면, 이직을 신중하게 계획하라. (자신을 고용하거나 사업을 경영한다는 생각이 퇴사하기 전까지 떠오르지 않았다면, 이직은 훌륭한 선택이 아닐 것이다.) 성공을 하기 위해서는 더욱 많은 자발적 동기부여가 필요하다. 경영자적 정신은 일에 다소 진저리를 치고서는 '멋대로 가게 놔둬' 라고 생각하는 사람들에게 갑작스럽게 떠오르지 않는다.

"나는 나 자신을 위해 일을 한다"는 말에는 상당한 자부심이 있을 수 있다. 소규모의 사업은 그들이 살고 있는 공동체의 중요한 부분이다. 소규모의 사업주와 자기 고용자는 매우 훌륭한 네트워크를 가지고 있다. 고객과 제품을 대하며 사업을 성공적으로 유지하고 지불 능력을 유지해야 하는 끊임없는 자극은 많은 사람들이 선망하고 결코 놓치지 않으려 하는 것이다.

새로운 사업을 시작하기

되풀이해 말하지만 중요한 첫 단계는 여러 가지 건전한 충고를 듣는 것이다. 소규모 사업 개시와 관련한 통계는 고무적이지 못하다. 하지만 실패의 원인은 당신이 전혀 모르는 일에 진입하는 것에서부터 당신을 비하하는 사람들과 사업을 하는 것에 이르기까지 공통점이 대단히 많다. 아마도 사업 개시의 가장 큰 적은 현금 흐름일 것이다. 당신은 좋은 아이디어와 상당한 재능 및 에너지를 가지고 있을지 모른다. 하지만 돈을 이해하지 못하고 또 돈을 쓰고 모으는 방법을 모른다면, 당신의 꿈은 아주 빠르게 사라질 것이다.

시작하기 전에, 그리고 당신이 약간의 금전적 수입이 있는 동안에 법적 자격에서 현금 흐름에 이르기까지 모래밭에서 사금을 찾듯 사업을 경영하는 데 필요한 모든 측면들을 찾아내라. 만일 당신이 이런 일을 할 만한 인내심이 없다면, 스스로의 주인이 되는 책임감을 배겨낼 수 있을지 여부를 매우 신중하게 검토해보라. 문서 작업도 소홀히 해서는 안 된다. 당신을 도와줄 책들이 있으며, 인터넷상에서 훌륭한 자문을 제공하는 정부 기관들도 있다. 당신이 하려는 사업과 관련해 가능한 한 많은 자료를 찾아내고 가능한 한 바로 그들과 접촉해보라.

당신 자신을 위해 일할지라도, 여러 사업장에도 가보고 일을 해보라. 당신과 연결되어 있는 사람일지라도, 그들과 사업 관계를 맺는 것에 대해 대단히 신중하게 생각하라. 당신의 집에 저당을 설정하기 전에 계획을 세우고 준비하라.

프리랜서로 일하기

'프리랜스'는 고용을 원하는 '창기병'이나 기사를 의미했다. 용병(mercenary)이란 말이 컨설턴트에게 던져졌을 때, 이는 진실과 그다지 멀지 않다. 오늘날 날카로운 무기를 운반하는 사람은 극소수이며, 말을 타고 여행하는 사람은 더욱 적다. 하지만 아웃소싱, 다운사이징, 홈워킹, 그리고 '평생 직장' 시대의 종말은 모두가 프리랜싱에서 떠오른 거대한 흐름으로 간주된다. 가정용 컴퓨터와 휴대전화도 프리랜싱을 엄청나게 쉽게 만들었다.

프리랜싱은 소규모 사업을 시작하는 것보다 비용이 훨씬 적게 들 수 있다. 프리랜서에게 간접비 항목은 단순히 가정에서의 소규모 일터, 전화, 명함, 회사명 편지지, 컴퓨터, 일정 수준의 업무상 만남 등이 될 것이다.

당신이 진정으로 전문직이나 기술을 즐기고 싶으면서도 당신 자신을 위해 일하고 싶다면 프리랜싱을 준비할 수 있다. "나는 나 자신을 위해 일한다"는 말에는 이러한 만족이 들어 있는 것이다. 당신은 여전히 생계를 유지해야 하고, 당신이 하고 싶지 않은 일에도 '예'라고 말할 수 있어야 한다. 당신은 직접 가서 당신의 일을 찾아야 한다. 만일 자신을 '판매'하기를 좋아하지 않는다면, 프리랜싱이 당신에게는 어려운 일이 될 것이다.

나는 잠시 동안 프리랜서로 일해본 적이 있다. 나의 견해로는 프리랜서의 가장 큰 특전 중 하나는 다른 산업과 사업에서 일하는 것이다. 이는 내가 끊임없이 배우고 있다는 것이며, 또 그것을 좋아한다는 것을 의미한다. 나는 내가 소규모 회사의 관리 책임자라고 말하는 것을 좋아한다. 물론, 나는 차를 나르는 여직원이고 서류철을 정리하는 사무원이기도 하지만 그것은 다른 문제다.

프리랜서는 일일 업무량이 봉급 노동자보다 많다. 하지만 이는 임금 체불이나 다른 특전이 없다는 사실에 의해 균형이 이루어진다. 아픈 날은 수입이 없으며, 잠재적으로는 고객이 없는 날이다. 프리랜서는 수많은 사무실 정치를 피할 수 있다. 하지만 인간이 존재하는 한 정치도 존재하기 때문에 그것을 완전히 피할 수는 없다. 소규모 사업을 시작함에 따라 당신은 대단히 높은 정도의 자발적 동기부여와 서류 작업을 기꺼이 수행할 수 있는 능력이 필요하다. 당신이 실직했다는 이유로 징세원이 당신을 놓아두지는 않는다. 여기에도 동일한 재정적 관심이 존재하며, 여전히 현금을 예비해둬야 한다. 사람들은 비용을 늦게 지불할 것이다. 어떤 사람은 아예 지불하지 않을지도 모른다. 당신은 헛손질을 견딜 수 있는가? 내가 전직하기 전에 한 프리랜서가 나에게 말했던 것처럼, "일기장을 가득 채웠을 때가 기분이 좋다". 당신은 누가 이 생활을 할까 의아해할 것이다. 하지만 일기장이 텅 비어 있고, 일거리 없이 한 주를 보낸 모습을 볼 때 당신은 생각할 것이다. 이런 제기랄! 도대체 뭘 한 거야?

가장 큰 문제는 당신의 노동이 숙련 단계인가, 또한 그 숙련된 노동을 직접 판매할 수 있는 능력이 있는가 여부다. 이는 중요한 문제여서 매우 솔직하게 자문을 구할 필요가 있다. 당신은 일에서 심각한 경쟁에 부딪히면서 성장하게 될 것이다.

당신은 적절한 휴식이 필요할 것이다

당신이 진정으로 변화를 필요로 하는데도 대안을 생각할 수 없다면, 모든 일을 떠나 휴식을 취하는 것도 도움이 될 것이다. 당신이 낙심하는 이유는 아마도 당신의 직장 때문이 아닐 것이다. 당신은 피곤해할지 모른다. 그러므로 다시금 집중해서 자신의 선택을 숙고하기 위해서는 몇 개월 정도 시간이 필요할 것이다.

안식일, 가족 여행, 휴식과 무급 여행은 이야기해볼 만하다.

직장은 이러한 일에 대해 관대하며, 유연성은 많은 대기업에서 중요한 단어다.

스트레스에 대한 자각이 커지고 있다. 중간 휴식을 받아들이는 것이 병에 걸리고, 회사를 걸어나오는 결과보다는, 그리고 당신이 기로에 서서 배수진을 치거나 필사적으로 무언가를 해야 하는 것보다는 훨씬 낫다.

중간 휴식에 동의하는 것은 당신이 돌아올 수 있을 만큼 그 무엇을 얻었음을 보장한다. 당신은 돌아오고 싶지 않다고 결정할지 모르지만, 그것도 좋다.

당신은 일에 대해 생각할 수 있는 시간을 얻었다. 당신은 동기부여를 새롭게 하고 뺨에 홍조를 띠면서 돌아올 것이다. 그러한 시간을 갖고 뭔가를 한다는 것은 훌륭한 생각이다. 세상을 여행하고 정원을 손질하라. 혹은 무엇이든 당신에게 비전을 주는 일을 하라. 낮 시간에 텔레비전 앞에 앉아 있는다고 해서 기분이 좋을 리는 없다.

돌아가는 길

생계를 위해 무엇을 하는가

나는 쉽고 산뜻하게 자신의 일을 묘사할 수 있는 사람은 거의 없다고 생각한다. 그들 가운데 몇몇은 직책도 없다. 몇몇은 전문화된 직업을 갖고 있다 해도 누구도 그들이 무엇을 하는지를 이해하지 못한다. 몇몇은 흥미롭다고 생각하는 일들을 기묘하게 섞어놓은 직업을 갖고 있다. 몇몇은 다른 사람들이 자신의 시간, 기술 혹은 아이디어를 사도록 할 수 있다. 처음에 종사했던 직장이나 직업에 계속 머물러 있는 사람은 드물다. 하지만 예외 없이 그들도 훗날의 선택을 위해 블록 쌓기와 같은 경험(기본 원칙)을 활용할 수 있는 방법을 찾았다.

좋아하는 일을 찾기 위해 길을 가다 보면 곁길도 있고 돌아가는 길도 있다. 당신의 계획을 달성하지 못하고 확실히 당신의 열망을 벗어나는 일시적 혹은 파트타임 직장도 있을 것이다. 내가 (그리고 나의 친구들이) 일했던 직장 가운데에는 햄버거 굽기, 병원 청소, 부삽질 하기, 서류 정리, 접시 닦기, 공장 일, 상점 보조 일, 바텐더 일, 빚 징수, 전화 응답, 아기 보기, 텔레마케팅 등이 있었다.

나는 이 같은 직장에서 오랫동안 똑같은 일을 하는 사람들을 만났는데, 그들은 그 일을 건성으로 하지 않았다. 이들 가운데 몇몇은 행복했다.

그것은 그들이 원했던 일이었다. 또한 몇몇은 행복하지 못했으며 괴로워했다. 몇몇은 자신들이 '덫'에 빠져 있다는 비합리적인 믿음에 갇혀서 계속적으로 불평불만을 터뜨렸다. 종종 그들은 파괴적인 동료가 될 수도 있었다. 하지만 당신이 그들 대열에 합류하거나 그들과 태도를 같이할 필요는 없다.

낙심하지 말라. 당신은 늘 뭔가를 배울 수 있으며, 이들 직장에는 몇몇 숨겨진 보물도 있을 수 있다. 한 친구는 병원에서 근무하다 "바로 이것이 내가 원했던 일이야"라고 깨닫고는 간호 학원에 등록했다. 그녀는 현재 간호사 학위 취득 과정을 밟고 있다. 이러한 계시는 만족스럽지 못한 사무실에서 대략 15년을 일하고 난 후에 온 것이었다.

다른 친구는 서비스업과 호텔 경영 분야로 갔다. 그녀는 대규모 결혼식과 연회의 파트타임 직원으로 근무하면서 큰 호텔들이 연회 개최에 관심 갖고 있는 것을 관찰했다. 그 호텔은 그녀에게 프런트에서 일할 수 있는 기회를 제공했는데, 짧은 시간에 그녀는 프런트 오피스 매니저가 되었다.

나의 친구와 동료 대부분은 중간 휴식을 받아들이거나 특정 시점에 방향을 전환했다. 당신도 다른 일을 시도해볼 수 있다. 당신이 여러 해 동안 잠적해서 아무것도 하지 않았다는 징표를 보이지 않는 한, 이러한 선택이 당신의 이력서에 끔찍한 흔적을 남기지는 않을 것이다.

사랑하는 일을 하기–하는 일을 사랑하기

　　좋은 옷을 입어야 하고, 인생의 매 순간을 바쁘게 보내야 하거나 매년 승진을 해야 한다는 믿음에 빠지지 말라. 나는 다른 방향으로 순응하거나 열망해야 한다는 압력에도 당신이 스스로 사랑한다고 생각하는 일을 추구할 만큼 자부심이 있기를 기대한다. 자신의 꿈을 간직하지 못하는 것이야말로 '성공한' 수많은 사람들이 첨예한 스트레스를 느끼고, 신경쇠약으로 고통받거나 그들이 사랑할 수 없는 일의 순교자가 되고 있다는 사실을 설명해줄 것이다.

　　내가 처음 경력과 자긍심에 관한 책을 읽고 공부하기 시작했을 때, 대부분의 자료들은 우리 모두가 승진을 원한다는 것을 함의했다. 승진은 당신이 일을 잘해왔다는 사실을 나타내주는 필수적인 도장이었다.

　　성공은 지나칠 정도로 자주 표현되고 있다. 사람들이 가질 수 있는 광범위하고 다양한 목표에 관해서는 거의 논의가 없었다. "나는 돈을 많이 벌어서 좋아하는 윈드서핑을 하고 싶어"라고 말한 사람이 장난을 하고 있는 것은 아니다. 성공은 확실히 아름답고 야심적이다. 성공은 변함없이 돈과 관련돼 있다. (내가 누구를 조롱한단 말인가? 성공은 많은 사람들에게 여전히 돈과 관련돼 있다.)

　　하지만 제복을 입고 서류가방을 들고 다니는 나라에서 내가 발견한 것은 헛된 꿈에서 깨어나고, 피곤해하며 만족스럽지 못하다고 느끼는 수많은 '성공한' 사람들이었다. 누군가 이렇게 말할 것이다. "당신도 '그모든 것을 가질' 수 있어. 이제, 당신이 거기 있는 동안 내 병을 떠안게나!"

나를 유혹하는 '매력적이고' 성공적인 세계에는 또 다른 측면이 존재한다. 나는 누군가가 고백하는 소리를 들었다. "나는 사랑하지 않았던 직장에 평생을 받쳤어. 아이들이 커가는 모습도 보지 못했어. 내가 바보 같지 않아요? 나는 결코 지나간 세월을 돌이킬 수 없어. 나는 그 세월과 악수를 했어. 그럴 만한 가치도 없는데 말이죠."

'성공'을 고취하는 문헌에는 당신과 당신 자신의 야망, 혹은 이런 것들의 결여를 받아들이는 것과 관련된 이야기가 거의 존재하지 않는다.

조경관리사가 된다 한들 어떤가? 당신은 제복을 입는 것을 원치 않는다. 당신은 서류가방 대신에 부삽질을 할 수도 있다. 당신은 매니큐어를 바른 손 대신에 군살이 박힌 손을 지닐 수도 있다. 재정 수입은 많지 않고 승진의 전망도 희박하다. 혹시 당신은 하루 종일 엔진을 수리하거나 가르치거나 트럭 운전을 좋아할 수도 있다. 당신이 좋아하는 일을 알고 또 그를 통해 생계를 유지할 수 있다면, 그것이 성공 아닌가?

우리는 그렇게 생각하고 싶어질 것이다. 경력은 어느 정도 변한다. 직장도 어느 정도 변한다. '급격하고 예측을 불허하는 변화'는 내가 종종 듣는 표현이다.

직업 안정의 상실과 거대한 변화가 조직 내부에서 진행되고 있다는 것은 늘 어떻게 생계를 유지하느냐에 관해 매우 고정된 견해를 가진 사람들이 충격에 빠질 수 있음을 의미한다.

내 친구 케이트는 승진에 대한 야심이 크다. 그녀는 목표를 설정하지 않는 대신 목표를 자유롭게 받아들인다. 하지만 자신의 인생과 경력 선택에 대해 책임감이 있다. 그녀는 어떤 식으로든 이러한 기회가 자신에게 다가올 경우 직장을 바꿀 수 있는 기회를 받아들인다. 케이트의 재능은 명료한 생각과 준비, 어려운 상황에서 사람을 다룰 줄 아는 데 있다. 그녀는 강한 자기 이미지와 모든 사람들을 끌어들이는 유머 감각을 가지고 있다. 그녀는 높이 평가받는 유능한 고용인이다. 케이트는 자신의 일을 사랑한다.

우리는 조라는 목수를 두고 있는데, 그는 믿음직하고 친절하다. 조 역시 나무로 단단하고 정교하게 만드는 일을 사랑한다. 일이 끝나면, 때때로 완성된 공사를 둘러보도록 가족을 데려오는 등 자부심을 갖고 있다. 조는 어렸을 때 학습 장애를 겪었으며, 특별히 우수한 학생으로 선정된 적이 없었다. 하지만 많은 사람들이 그를 필요로 한다. 그의 일기장은 빼곡하게 채워져 있다. 그는 하고 싶지 않은 일을 요구받을 때 "아니요"라고 말할 수 있는 자유를 가지고 있다.

의료기구 공급 회사에서 잠시 일할 때 나는 더글러스를 만났다. 더글러스 역시 자신의 일을 사랑했다. 더글러스는 모든 고객의 이름을 알고 있었으며, 전화를 받으면 크고 열정적인 목소리로─이 때문에 웃기도 했지만─답변을 했다. 그는 고객들의 아이 이름, 그들이 집 페인트칠을 마쳤는지 같은 사소한 일도 기억했다. 그는 사람들과 그가 공급하는 제품들에 대해 관심이 컸다. 그의 지식은 놀라울 정도였다. 그가 사라지면, 그곳은 믿기 어려울 정도로 단조로워 보였다. 재미가 없다면 똑같은 직업을 어찌 그렇게 쉽게 수행할 수 있단 말인가? 고객과의 관계와 사업에 대한 충성심에 비춰볼 때 그는 절대적인 스타였다. 하지만 그는 최고의 세일즈맨을 생각할 때 상상되는 그런 부류의 사람은 아니었다. 더글러스는 또한 뜨개질을 좋아해서 일할 때 그가 만든 여러 가지 색깔의 옷을 입었다. 나는 그가 제복을 입은 모습을 볼 수 없었다.

성공이란 단어를 생각할 때 나는 더글러스와 케이트, 조 같은 사람을 생각한다. 나는 오래전에 포르쉐나 증권거래소의 지출 계정을 보는 일을 그만두었다. 케이트, 조 그리고 더글러스는 자신의 일을 사랑하는 사람이면서도 동창회 모임에서 성공한 인물로 묘사되지는 않을 것이다. 나는 강한 야심이나 재능을 갖는 것이 행복과 성공을 배제한다고 말하고 있지 않다. 하지만 우리가 때로는 행복을 정의하는 데 천박하다고 생각한다.

나에게 성공이란 좋아하는 일과 결혼하고 그로부터 생계를 유지할 수 있는 능력이다. 당신이 무엇이든 할 수 있다면, 당신은 무엇을 하고 싶은가? 이로부터 생계를 유지할 수 있는가?

'일에 대한 사랑' 이 과연 무리한 개념인가?

승진을 받아들여야 한다고 누가 말하는가

다른 사람의 성공에 대한 비전을 우리가 원치 않는다면 무엇인가 잘못됐다고 느끼기는 쉽다. 허약한 자기 이미지와 결합된 동료의 압박은 "그것을 다시 생각해보고 싶어!"라고 자신 있게 말하지도 못하는 상태에서 사람들이 전직과 자문을 받아들이고 있음을 의미할 수 있다. 당신은 자신의 마음과 대화할 필요가 있다. 아마도 이 방향이 당신에게 어울린다고 느껴진다. 당신은 승진이나 책임감의 변화를 원하거나 그렇지 않을 수도 있다.

이는 당신이 제의를 무시한 결과와 대면하고 싶어하지 않는다고 말하는 것이 아니다. 이는 누군가가 실망을 느끼고 당신의 미래의 역할을 고려하기를 주저하는 것일 수도 있다. 하지만 당신은 확실히 일을 숙고하고 스스로 선택할 자격이 있다.

이 점을 고려해보라. 승진의 최종 결과는 당신이 가장 사랑하는 일과의 '결별'일 수 있다. 이러한 상실에 더해서 경영이라 일컬어지는 전혀 새로운 일에서 종종 훈련이나 계발도 없이 수행 기대의 압박을 받을 수도 있다. 경영은 하나의 전문직이다. 모든 사람이 그것에 이끌리는 것은 아니다.

'성공'은 매우 불행한 사람을 만들 수 있다. 성공은 창구 직원들 주변에서 서성이면서 "잠시 내가 이 일을 할 수 있을까? 내가 실수했어. 이 일을 하는 것이 나에게는 더 행복해"라고 말하는 법을 모르기 때문에 시시콜콜한 일에 간섭하는 인상을 주는 관리자를 낳을 수도 있다.

모든 새로운 직업은 일을 새롭게 시작할 수 있는 기회다. 목표를 놓치기란 대단히 쉽다. 돈은 목표에 이르는 수단에 불과하다. 승진은 목표에 이르는 수단이다. 승진이 가치 있는 유일한 선택이라는 생각에 자신을 붙들어맨다는 것은 어리석은 일이다. 협력의 사다리에는 너무 많은 여지가 있어서 똑같은 사다리가 움츠러들기도 한다. 조직은 보고의 단계를 잘라버리고, 직책을 없애버리고 있다. 모든 사람이 재고해볼 시간이다.

이러한 글을 쓰고 있는 동안은 편안한 시간이다. X세대와 변화의 기류는 수많은 직장에 경력의 기대와 급격히 변동하는 직장의 신화를 가져왔다.

지난 몇 년 동안 영국에서 등장한 미디어 유명 인사들 가운데에는 조경관리사, 요리사, 항공사 창구 직원, 그리고 가사 전문가들이 있었다.

나는 도대체 사랑하는 일을 추구하는 데서 다소간의 존경을 얻기까지 약간이라도 쉬운 시간이 있었는지 의아스러울 지경이다.

모든 새로운 직업은 새롭게 시작할 수 있는 기회다. 당신의 인생을 잠시 멈춰 세우고 약간의 변화를 도모할 수 있는 계획을 세우기에는 일 년 중 어느 날이라도 충분히 좋다. 계획을 세우는 것은 중요하다. 하지만 그것이 당신의 계획임을 잊지 말라.

직장의 직책을 선택한다거나 평생 그것을 고수할 필요는 없다. 방향을 바꾸려 한다는 점에서 당신은 불안하거나 미성숙하지 않다. 당신에게 어울리는 일을 찾기 위해 당신은 탐색을 다듬어줄 몇 가지 질문이 필요하다. 할 수 있는 한 당신은 높은 정직과 통찰을 가지고 숙고할 수 있는 시간을 가져야 한다. 당신은 다른 사람들의 자문이 필요하지만 그것을 신중하게 걸러내지 않으면 안 된다. 당신은 기대를 현실적으로 설정할 필요가 있다. 탐색이 직선적으로 이루어지거나 좌절이 없어야 하는 것은 아니다. 당신과 당신의 상황, 그리고 직업 시장의 변화에 따라 골대 역시 다소 이동할 수도 있다.

당신은 인내와 끈기를 필요로 할 것이다. 하지만 시도하지 말라는 이야기는 듣지 말라. 너무 늦어서 다시 시도할 수 없다거나, 당신의 기대에 근접해 있는 직장 생활을 원하는 것이 헛되거나 이기적인 경우는 없다.

마지막으로, 몇 차례 넘어지거나 장애에 부닥친다 하더라도, 그것을 과정의 일부로 인정하라.

실패는 비탄해할 만큼 두려운 일이 아니다.

　우리가 자주 사용하는 것으로 궁즉통窮則通이란 말이 있다. 궁하면 저절로 통한다는 이야기로 오해되고 있는데, 본래 주역의 「계사전」에 나오는 말이다. 궁하다고 해서 바로 통하는 것이 아니라, 궁즉변이고 변즉통窮卽變, 變卽通인데, 이렇게 통할 때 비로소 통즉구通卽久이다. 사람이 궁벽한 지경에 이르면 그 까닭이 있고, 여기에는 외적 요인과 내적 요인이 있다. 이러한 요인들이 결합해서 궁벽한 상황이 되는데 이를 극복하기 위해서는 변화를 모색해야 한다.

　자기를 혁신하고 상황을 변화시켜야 비로소 통할 수가 있고, 사태가 막힘없이 통할 때 비로소 오래 지속될 수 있음을 주역의 지혜가 가르쳐준다. 우리가 살고 있는 정보화시대, 후기 산업 사회, 신자유주의의 냉혹한 경쟁의 법칙이 전 세계인의 삶을 규정하고 있는 현재야말로 생존을 위해 안팎으로 엄청난 변화를 요구하고 있다. 이러한 변화가 가장 빈번하게 이루어지고 있는 곳이 생존을 위해 날마다 싸우고 있는 우리의 일터, 곧 직장이다.

　누구든 직장에서의 일을 통해 생계를 유지하고, 일을 통해 자신의 능력을 인정받고 보람도 얻는다. 하루의 대부분을 직장에서 보내며 직장의 인간관계 또한 중요한 의미를 지니고 있다. 오늘날 디지털 혁명과 빠른 경제 순환으로 인해 직장의 작업 환경은 수시로 변하고 있으며, 변화와 적응의 압박은 그 어느 때보다 크다. 경쟁 속에서 이루어지는 업무 성과에 대한 평가는 개인의 삶과 운명이 좌우된다. 평가를 통해 인정을 받을 때 직장은 삶의 보람과 삶에 대한 긍정적 인정을 줄 수 있다.

개인은 자신의 일을 통해서 재능을 인정받고, 인생의 목표를 실현할 수 있다. 이처럼 직장이나 일과 관련해서 스스로를 변화시킬 필요가 있는가?라는 의문이 제기된다.

『당신의 미래는 밝다』는 변화무쌍한 현대인의 직업과 직장에서 일어나는 여러 가지 문제에 현명하게 대처할 수 있게 도와준다.

우리에게 일과 직장은 어떤 의미를 지니는가? 틀에 박힌 일에 진저리를 치면서 좌절할 것인가, 일을 즐기며 성취감과 보람을 느낄 것인가? 급변하는 직장과 업무 환경의 변화에 어떻게 대처할 것인가? 변화에 무기력하게 저항하거나 외면으로 낙오될 것인가, 위기를 새로운 혁신과 변화의 기회로 활용할 것인가? 업무를 수행하는 과정에서 동료들과의 관계는 이기적인 경쟁의 관계인가, 공동의 목표를 지향할 수 있는 협력관계로 만들어갈 것인가?

직장 생활에서 인간관계는 무엇보다 중요하다. 저자는 기업의 다양한 업무와 관련한 컨설팅 경험을 토대로, 직장 생활에서의 변화에 대해 긍정적이면서 능동적인 자세를 취할 것을 강조한다. 더 나아가 저자는 현재의 직장이 더 이상의 의미나 개인의 발전에 별다른 도움이 되지 못하는 경우 자신만의 고유한 사업을 시작해볼 것도 권장한다.

오늘 날 변화된 사업 환경 및 기술 환경에서 야기된 소호(SOHO)는 새로운 근무 형태로서 개인에게 편리한 환경을 제공한다. 주체적으로 자신의 사업을 주관하는 소규모 사업으로서 일에 대한 만족도를 중시한다.

여기에 다운시프트는 좋은 예가 된다. 이는 눈높이를 낮추고 일의 의미와 목표에 관심을 두고 시작하는 사업라 할 수 있다. 이들에게 일은 더 이상 외부에서 강요된 노동이 아니라 일에서 보람과 즐거움을 느끼면서 동시에 자신의 능력을 확인할 수 있는, 자신의 삶을 표현할 수 있는 능동적 계기가 될 수 있다.

저자는 여성 특유의 섬세함과 재치를 통해서 일과 직장에서 자신의 위치를 변화시키고 직장 상황도 변화시킬 수 있도록 안내한다.

우리 인생의 대부분을 차지하는 일과 직장 생활을 즐겁고 창조적으로 해볼 필요가 있지 않겠는가?

2006년 가을,

이철

당신의 미래는 밝다

초판 1쇄 인쇄_2006년 9월 27일   초판 1쇄 발행_2006년 10월 4일

지은이_세릴 웜슬리 옮긴이_이철
펴낸이_이대희 펴낸곳_지훈출판사

마케팅_신진식, 윤태영

공급처(서경서적)_전화 02-737-0904 팩스 02-723-4925

출판등록일_2004년 8월 27일 출판등록번호_제300-2004-167호
주소_서울시 종로구 필운동 278-5 세일빌딩 지층
전화_02-738-5535~6 팩스_02-738-5539
E-mail_jihoon1015@naver.com

ISBN 89-91974-07-4 03320